Heinrich Thies

Ronny Rieken
Portrait eines Kindermörders

Heinrich Thies

Ronny Rieken

Portrait eines Kindermörders

zu KLAMPEN!

Heinrich Thies, Jahrgang 1953, studierte Germanistik, Politik, Philosophie und Journalist und war viele Jahre Chefreporter der »Hannoverschen Allgemeinen Zeitung«. Thies ist Autor zahlreicher Bücher wie »Die verbannte Prinzessin«. Sein Buch »Hilferuf aus dem Folterkeller« diente als Vorlage für die sechsteilige Serie »German Crime Story: Gefesselt«.

Zweite Auflage 2023

www.zuklampen.de

Dieses Werk wurde vermittelt durch
die Literarische Agentur Thomas Schlück GmbH, 30827 Garbsen

Satz: thielenVERLAGSBÜRO · Hannover
Druck: CPI – Clausen & Bosse · Leck · cpidirekt.buchbuecher.de
Umschlag: Matthias Vogel (paramikron) · Hannover

ISBN 978-3-86674-995-5

Bibliografische Information der Deutschen Bibliothek

Die Deutsche Bibliothek verzeichnet diese Publikation in der Deutschen Nationalbibliografie; detaillierte bibliografische Daten sind im Internet über ‹http://dnb.ddb.de› abrufbar.

Inhalt

Prolog

»Ein Schelm, der Böses dabei denkt.« Der Spruch des Hosenbandordens steht in ehrwürdigem Französisch über dem historischen Eingangsportal der Justizvollzugsanstalt (JVA) Celle. Eine Inschrift mit Hintersinn. Denn tatsächlich dürfte der flüchtige Besucher der niedersächsischen Herzogstadt Celle hinter der schönen Fassade mit den Türmen und stuckverzierten Giebeln eher ein Schloss vermuten als ein Gefängnis. Ursprünglich sollte eine Universität daraus werden, doch dann wurde ein Zucht- und Tollhaus in Celle dringender gebraucht. Und wenn das Folterwerkzeug auch nur noch im Gefängnismuseum zu besichtigen ist, so hat sich am allgemeinen Bestimmungszweck von der Gründung im Jahre 1716 bis in die Gegenwart hinein kaum etwas verändert. Heute verbirgt sich hinter den denkmalgeschützten Mauern eine der am besten gesicherten Justizvollzugsanstalten Deutschlands. Die JVA Celle I ist die Dauerherberge von Schwerverbrechern und Mördern, von denen viele lebenslange Freiheitsstrafen zu verbüßen haben.

Aus Sicherheitsgründen erhalten die Besucher seit Mitte 2003 Einlass nicht mehr durch das historische Portal mit dem hintersinnigen Spruch, sondern durch einen angebauten Eingangstrakt mit vielen verborgenden Kameraaugen und gespenstischen Sprechanlagen. Und wer einen der Gefangenen besuchen will, muss zuerst eine lange Sicherheitsschleuse passieren und sich gründlich durchleuchten und abtasten lassen. Im Besuchszimmer selbst darf man sich dann wie im Erfrischungsraum eines Freizeitheims fühlen. Gemütlich brummt der Kaffeeautomat, gleich daneben hält ein anderes Selbstbedienungsgerät die übliche Auswahl an Chips, Schokoriegeln und Weingummis bereit. Sogar an eine Spielecke ist gedacht. Schließlich sind unter den Häftlingen nicht wenige Familienväter mit Kindern, wie die Zeichnungen zeigen, die an einer Wand hängen.

Auch Ronny Rieken ist Vater von drei Kindern. Weil er zwei Mädchen ermordet hat, ist er in Haft. Wie fühlt sich einer, der eine solch erdrückende Schuld auf sich geladen hat und womöglich den Rest seines Lebens hinter Gittern verbringen muss?

Der dunkelblonde Mann mit dem blassen Gesicht, der geradewegs aus der Tischlerwerkstatt kommt, schmunzelt, als er hereingeführt wird. Betont locker streckt er die Hand zum Gruß aus.

»Hallo.«

»Guten Tag. Wie geht's Ihnen?«

»Na ja, kann nicht klagen ...«

»Kaffee?«

»Immer.«

Dankbar nimmt Ronny Rieken einen Plastikbecher mit Automaten-Kaffee entgegen. Weitere Gastgeschenke sind nicht gestattet, größere Geldbeträge müssen am Eingang hinterlegt werden. Aber der verurteilte Kindermörder hat seine Gesprächsbereitschaft auch nicht an Geldforderungen geknüpft.

Seit seiner Verurteilung im November 1998 habe ich immer wieder den Versuch unternommen, mit Ronny Rieken ins Gespräch zu kommen. Anfang 2003 schließlich hat er seine Bereitschaft signalisiert.

Da unser Gespräch außerhalb der offiziellen Besuchszeiten stattfindet, ist das Besuchszimmer leer. Nicht einmal ein Justizbediensteter hält Wache.

Drei Totenköpfe zieren den linken Unterarm des Gefangenen, ein Drachenkopf und Flammenball den rechten – Tätowierungen aus der Jugendzeit, eingeätzte Knasterinnerungen. Am linken Ohr trägt Ronny Rieken einen goldglitzernden Ohrring. An der rechten Hand seinen Ehering – das sichtbare Zeichen dafür, dass noch nicht alle Verbindungen zur Außenwelt gerissen sind. Dass da noch etwas ist, das ihm Halt gibt.

Der Mann mit dem Dreitagebart zündet sich eine seiner Selbstgedrehten an und zieht den Rauch durch die Lunge. Daraufhin berichtet er im Plauderton über den Knastalltag, lässt sich bereitwillig nach den verschiedenen Etappen seines Lebens und seinen Straftaten befragen. Es sind grausame Dinge, über die er spricht. In den Worten, die er dafür wählt, kommt die Dramatik bisweilen auch zum Ausdruck. »Schlimm« nennt er, was ihm als Kind angetan wurde, »schlimm« was er später anderen Kindern angetan hat. Doch er verliert keine Träne dabei, lehnt sich zurück, verschränkt die Arme vor der Brust, runzelt die Stirn, schmunzelt, raucht.

Ein Schelm, der Böses dabei denkt.

Drei Stunden steht der Mann in der graublauen Arbeitskluft Rede und Antwort, verzichtet auf das Mittagessen und erklärt sich sofort bereit, das Gespräch an einem anderen Tag fortzusetzen, als ein Justizbediensteter auf das Ende der Besuchszeit hinweist. »Vor einem halben Jahr hätte ich noch keinen Mucks gesagt«, gibt er dem Interviewer mit auf den Weg. »Aber jetzt ist es anders. Ich will reden, ich will mit mir ins Reine kommen. Wird ja auch langsam Zeit.«

Insgesamt zehnmal habe ich Ronny Rieken in seinem Celler Gefängnis aufgesucht, um besser zu verstehen, was mir so unerklärlich schien. Immer wieder habe ich nachgefragt, wenn sich Widersprüche auftaten und die Schilderungen von dem abwichen, was Rieken gegenüber den Kriminalbeamten, Gutachtern oder im Prozess ausgesagt hatte. Gleichwohl wäre es verfehlt zu hoffen, dass am Ende so etwas wie *die* Wahrheit stehen könnte. Jede Lebensgeschichte bleibt immer subjektiv – dies gilt insbesondere für die Biografie eines Mannes, dessen bisheriges Leben auf Lüge und Täuschung gründete.

Um den Blick auf die verhängnisvolle Entwicklung des Sexualstraftäters Ronny Riekens zu weiten, habe ich daher ganz unterschiedliche Sichtweisen einbezogen. Von Familienangehörigen, Polizeibeamten und Psychiatern – und auch von den Eltern der Opfer. Um die Persönlichkeitsrechte der Beteiligten zu wahren, habe ich bei Personen aus dem privaten Umfeld des Täters sowie überlebenden Opfern die Namen geändert.

Aus all den Textbestandteilen lässt sich kein geschlossenes Bild zusammensetzen. Allenfalls ein Mosaik. Nicht auf eine griffige Erklärung ist dieses Bemühen daher ausgerichtet, sondern auf behutsame Annäherung – Annäherung an das Unfassbare, Annäherung an das vermeintlich Böse.

Das so genannte Böse fällt nicht vom Himmel. Es kommt auch nicht in der Gestalt des Teufels daher. Das Böse hat meistens eine lange Vorgeschichte. »Das eben ist der Fluch der bösen Tat, dass sie fortzeugend immer Böses muss gebären«, hat schon Friedrich Schiller festgestellt. Dies gilt auch für die Verbrechen Ronny Riekens, deren Grausamkeit die Grenzen menschlicher Vorstellungskraft sprengt. Die Ursachen reichen bis in die frühe Kindheit zurück – seelische Verletzungen, die möglicherweise nie ganz verheilten. In geradezu biblischer Wucht zeigt sich an der Lebensgeschichte des Kindermörders, wie die Sünden des Vaters auf den Sohn kamen. Ronny Rieken sitzt heute in derselben Haftanstalt ein, in der sein Vater einst seine Strafe verbüßte – und zwar für ganz ähnliche Delikte. Es ist nicht entscheidend, ob er tatsächlich von seinem Vater vergewaltigt wurde, wie er sagt. Entscheidend ist das negative Vorbild, das Wilhelm Hyazinthus Rieken seinem Sohn vermittelte. Denn trotz der Schläge und Peinigungen liebte Ronny Rieken seinen Vater. Damit war er offen für die Übernahme der fatalen väterlichen Verhaltensmuster. Der Vater, der ihm im Alter von sechs Jahren durch die Festnahme entrissen wurde, lebte gewissermaßen in seinem Innern fort.

Selbstverständlich folgt daraus kein Automatismus, der am Ende wie im Selbstlauf zu den Kindermorden führt. Nicht eine einzige Wurzel, sondern ein Wurzelgeflecht hat das Unfassbare hervorgebracht. Abgesehen von der wissenschaftlich strittigen

Frage der genetischen Vorbelastung war es nicht nur die kriminelle Komponente des Vaters, die Ronny Rieken prägte. Auch seine Mutter hat ihn geprägt. In dem Bestreben, den geliebten Sohn vor dem schädlichen Einfluss des Vaters zu bewahren, erklärte sie die Verbrechen ihres Mannes zum Tabu – und legte damit, ohne es zu wollen, den Grundstein für ein Lügengebäude, in dem Ronny Rieken zeitlebens gefangen blieb. Erst war es der Vater, mit dem er sich nicht offen auseinandersetzen konnte, dann waren es seine eigenen Fantasien, die er vor seiner Umwelt verbergen musste. Schließlich waren es seine Taten, die nicht nach außen dringen durften und ihn in ein Doppelleben flüchten ließen. Und vieles spricht dafür, dass Ronny Rieken deshalb nach außen hin so unverdächtig agieren konnte, weil er den Mord an Ulrike Everts in bewährter Manier erfolgreich aus seinem Bewusstsein tilgte.

Solche Lügengespinste lassen sich nicht einfach abstreifen wie Spinnweben. Bei allem glaubwürdigen Bemühen, mit sich ins Reine zu kommen, neigt Ronny Rieken auch heute noch dazu, die Dinge so zu schildern, wie sie ihm nützlich erscheinen und den äußeren Erwartungen entsprechen. Manche Täuschungsstrategien haben sich möglicherweise so tief in ihm festgesetzt, dass er selbst nicht in der Lage ist, Wahrheit und Erfindung zu unterscheiden.

Daraus ergeben sich für die Lebensgeschichte, die im wesentlichen auf den Schilderungen Ronny Riekens basiert, erhebliche Schwierigkeiten. Was kann man von all dem glauben, das so einer erzählt?

Ich habe mich für zwei Verfahrensweisen entschieden, um das Problem zu entschärfen. Zum einen habe ich die Schilderungen Riekens abgeglichen mit Berichten Dritter (Urteilsbegründung, Angaben der Schwester, eines leitenden Polizeibeamten und eines Psychologen, psychiatrisches Gutachten usw.). Zum anderen habe ich markante Darstellungen und Wertungen Riekens als kursiv gesetzte Einschübe hervorgehoben, um den subjektiven Charakter dieser Aussagen deutlich zu machen. Dabei geht es nicht nur um den Inhalt, sondern auch um die Sprache. In der Art und Weise, wie Ronny Rieken seine Entwicklung, seine Taten und sein seelisches Dilemma artikuliert, charakterisiert er sich selbst. Ebenso aufschlussreich ist, wie sich in der – oftmals widersprüchlichen – Selbstreflexion Riekens dessen inneres Ringen widerspiegelt. Dreh- und Angelpunkt dabei ist immer wieder das zwiespältige Verhältnis zu seiner Mutter.

Die unterschiedlichen Textelemente stehen unkommentiert für sich. Sie sind so ineinandermontiert, dass sie sich wechselseitig erhellen, aber auch relativieren.

Gefragt ist also ein aktiver Leser, der aus dem Textmaterial eigene Schlüsse zieht. Dieses Buch bemüht sich zwar, Einblick in die Psyche eines Kindermörders zu bringen, verzichtet aber auf abschließende Wertungen. Und selbstverständlich kann es dabei nicht darum gehen, eine Prognose über die Erfolgsaussichten einer Therapie abzugeben.

1. Ein Mädchen verschwindet

Es ist heiß an diesem 11. Juni 1996, 28 Grad im Schatten. Wie üblich ist Ulrike Everts gegen 13 Uhr von der Schule nach Hause gekommen, hat ihre Vögel, Fische und Zwergkaninchen gefüttert und dann mit ihren Eltern Mittag gegessen.

Nach dem Mittagessen lässt die dreizehn Jahre alte Realschülerin sich von ihrem Vater zur Ponyweide fahren, die nur zwei Kilometer vom Wohnhaus der Familie entfernt ist. Der Weg von Jeddeloh II, einem Dorf in der Nähe von Oldenburg, zum Wochenendgrundstück in Harbern führt über den Küstenkanal.

Dahinter warten zwei Shetlandponys auf Ulrike. Das Mädchen mit den blonden nackenlangen Haaren spannt Rex und Sonja vor ihre kleine Kutsche, ihr Vater verabschiedet sich. Wubbo Everts muss zurück in seine Firma, einen Handwerksbetrieb für Kältetechnik.

Gegen 15 Uhr setzt sich Ulrike mit ihrem kleinen Gefährt in Bewegung. Sie fährt ein kurzes Stück auf der Kanalstraße entlang und biegt dann in einen Sandweg ein, der auf beiden Seiten von Eichen und Birken gesäumt wird, den Dortmunder Moorweg. Anwohner beobachten, wie sie ihre Ponykutsche an Maisfeldern und Wiesen vorbeilenkt. Dann verlieren sie das Mädchen aus den Augen. Gut zwanzig Minuten später kehren die Ponys mit der leeren Kutsche zurück. Ulrike ist verschwunden. Spurlos.

2. Die Begegnung

Es war noch angenehm kühl, als Ronny Rieken an diesem Tag gegen halb sechs Uhr in der Frühe das Haus verließ. Jonas, sein anderthalb Jahre alter Sohn, die fünf Wochen alte Maren und Gerda, seine Frau, schliefen noch fest. Wie üblich hatte er sich Butterbrote geschmiert und seine Arbeitskluft angelegt, die blaue Latzhose und das karierte Flanellhemd. Alles sollte so aussehen, als fahre er wie gewohnt zur Arbeit. In Wirklichkeit war er der Arbeit schon seit fünf Tagen ferngeblieben. Das war die Rache. Die Rache dafür, dass sein Chef sich geweigert hatte, ihm eine Woche vor Monatsende einen Vorschuss zu zahlen. Dabei hätte er das Geld dringend gebraucht. Eine Autoreparatur hatte den Rest der Familienersparnisse aufgezehrt. Und die Vorräte im Haushalt waren aufgebraucht, so dass der monatliche Großeinkauf fällig geworden war.

O ja, die kategorische Weigerung seines Chefs, Entgegenkommen zu zeigen, hatte ihn geärgert. Furchtbar geärgert. Ohnehin hatte er das Gefühl, dass ihn die Leiharbeitsfirma, in deren Sold er stand, ausnutzte. Hinzu kam der weit entfernte Arbeitsplatz. Für die Fahrt von Elisabethfehn zur Ölraffinerie in Wilhelmshaven brauchte er gut anderthalb Stunden. Da ging ein Großteil des Lohns schon für den Sprit drauf – von der Zeitvergeudung durch die Fahrerei einmal ganz abgesehen. Die Arbeit an sich war nicht schlecht. Kühlwasserleitungen verlegen, Ventile reinigen, Rohre verschrauben. Alles mögliche. Was so an Bauschlosserabeiten anfiel. Denn obwohl er eigentlich Maschinenbauer war, hatte ihm die Leiharbeitsfirma einen Bauschlosserjob vermittelt. Kein Problem – wenn nicht diese verteufelt lange Fahrtstrecke gewesen wäre. Und dann eben die kleinliche Weigerung der Zeitarbeitsfirma, ihm den Vorschuss zu zahlen. Das war der Tropfen, der das Fass zum Überlaufen gebracht hatte.

Seiner Frau hatte er nichts von seinem Privatstreik erzählt. Die hätte ihm nur Vorhaltungen gemacht, dass er leichtfertig seinen Arbeitsplatz aufs Spiel setze und nicht an die Kinder denke, die versorgt werden wollten. Dieser Streiterei wollte er aus dem Wege gehen. Darum hatte er einfach so getan, als fahre er weiter brav zur Arbeit.

In Wirklichkeit fuhr er erst einmal zu seiner Mutter zum Frühstücken. Die wohnte im gleichen Dorf, nur ein paar Straßen weiter in einem Haus bei ihrem zweiten Mann Paul, Ronny Riekens Stiefvater – einem älteren Herrn, der mit ihm gern über die Metallverarbeitungsbranche fachsimpelte und somit ein recht gutes Verhältnis zu seinem Stiefsohn, dem gelernten Maschinenbauer, unterhielt.

Die beiden alten Herrschaften waren natürlich eingeweiht. Margot Rieken war stolz, mit ihrem Sohn ein Geheimnis zu teilen – stolz, dass ihr Ronny ihr mehr vertraute als seiner eigenen Frau.

Das kam ihr natürlich sehr entgegen. Für meine Mutter war immer schon klar, dass Gerda nichts taugt. Die hat doch jede Gelegenheit, genutzt, um mich zu warnen vor meiner Frau. Dass sie mich bloß ausnutzt, diese Schlampe. Ich konnte es schon nicht mehr hören, habe Gerda manchmal auch verteidigt. Aber letzten Ende ist wahrscheinlich immer irgend was hängen geblieben.

Dabei verstand sich Ronny Rieken im übrigen nicht schlecht mit Gerda. Er hatte sie schon gekannt, als sie noch zur Schule gegangen war. Nur über Fragen der Kindererziehung waren die beiden in jüngster Zeit gelegentlich aneinandergeraten – manchmal so heftig, dass sie nachts auch schon mal in getrennten Betten schliefen.

Ich konnte es einfach nicht mit ansehen, wenn sie den Kleinen geschlagen hat – und sei es auch nur auf die Finger. Ich hat-

te schließlich als Kind am eigenen Leibe erfahren, wie schlimm das ist, verprügelt zu werden.

Möglicherweise war er einmal sogar derart geschlagen worden, dass sein Nasenbein brach. Ein leichter Knick in der Nase blieb davon zurück, eine Missbildung, die ihm den Spottnamen »Krummnase« eingetragen hatte. Dabei hatte er ansonsten eigentlich keinen Grund, sich über sein Äußeres zu beklagen: schlank, sportlich dunkelblond – er musste sich nicht verstecken.

Doch die Heimlichtuerei mit der vorgetäuschten Fahrt zur Arbeit belastete ihn. »Ich werde es ihr heute Abend beichten«, sagte er darum an diesem Morgen seiner Mutter. »Irgendwann kriegt sie es sowieso spitz.«

»Unsinn, wie soll die das denn rauskriegen«, entgegnete seine Mutter.

»Die ist doch auch nicht blöd. Die muss sich doch bloß den Kilometerstand angucken.«

»Dann fährst du eben nach Wilhelmshaven, damit du auf die Kilometer kommst. Das Benzingeld will ich dir schon geben.«

Er war schon an den Tagen zuvor ziellos durch die Gegend gefahren, um Kilometer und Arbeitszeit vorzutäuschen. Auch an diesem Tag verließ er nach mehreren Tassen Tee gegen 10.30 Uhr das Haus seiner Mutter in Elisabethfehn und lenkte seinen mars-metallicroten Opel Omega mit der auffälligen Funkantenne am Heck in Richtung Oldenburg.

In Oldenburg steuerte er den Hafen an der Hunte an. Schiffe gucken. Auch mit den Matrosen plauderte er gern. Er war ja selbst noch vor einigen Jahren als Binnenschiffer die deutschen Wasserstraßen rauf und runter gefahren. Eine schöne Zeit, die aber natürlich der Vergangenheit angehörte – wie manches andere, was er in seinen 28 Lebensjahren schon so gemacht hatte.

Mit Blick auf die Schiffe und in Gedanken an Gerda verspeiste er an diesem Mittag auf einer Bank im Oldenburger Hafen geruhsam seine Butterbrote und beschloss schließlich, die Heimreise anzutreten. Da es noch zu früh war, wollte er aber nicht die Hauptstraße nehmen. Er entschied sich für die Nebenstrecke – immer am Küstenkanal entlang. Dabei hörte er Seemannslieder von Ronny. »Wo die Nordseewellen schlagen an den Strand…« Er kannte diese Schlager schon seit Kindheitstagen. Seine Mutter schwärmte für Ronny. Darum hatte sie auch ihren Sohn nach ihrem Lieblingssänger benannt. Genaugenommen ihre beiden Söhne. Denn bevor Ronny II geboren war, hatte es schon Ronny I gegeben, der bereits wenige Tage nach der Geburt gestorben war. Auf jeden Fall sah der Zweitgeborene keinerlei Grund, sich seines Namenspatrons zu schämen. Im Gegenteil. Auch ihm gefielen die Lieder. Und so hatte er neben aktuellen Pop-Hits immer auch etliche Kassetten mit Country-and-Western-Songs, Schlagern, Volksliedern oder Seemannsliedern von Ronny im Auto. Er konnte so schön abschalten dabei.

»Ick heff mol n Hamburger Veermaster sehn…«

Im Laufe des Tages war es immer heißer geworden. Um sich ein wenig Kühlung in seinem Opel Omega zu verschaffen, hatte er das Seitenfenster heruntergekurbelt. Das Funkgerät, das im Auto installiert war, war selbstverständlich abgeschaltet. Gerda hatte schließlich zu Hause auch eine Funkanlage, ebenso wie ihre Eltern, die ebenfalls in Elisabethfehn wohnten. Was, wenn sie ihn plötzlich auf dem Kanal hatten? Sein ganzes Lügengebäude wäre ja sofort eingestürzt.

Immer wieder musste er an das Gespräch denken, das er am Abend mit seiner Frau führen wollte. Er war es einfach leid, dauernd diese ausweichenden Antworten geben zu müssen, wenn sie ihn fragte, wie es bei der Arbeit gewesen war. »Ach, wie immer« oder »Heute war's eigentlich ganz schön« hatte er immer herumgedruckst. Damit sollte Schluss sein. Aber wie konnte er Gerda schonend beibringen, dass er die Arbeit geschwänzt hatte?

»Auf der Reeperbahn nachts um halb eins,
ob du 'n Mädel hast oder auch keins…«

Erst halb drei. Die Zeit wollte einfach nicht vergehen. Er sah, wie sich auf dem Küstenkanal ein Schiff näherte, parkte, stieg aus und hockte sich an die Uferböschung, um den Kahn näher in Augenschein zu nehmen. Er sah, dass das Motorschiff Kies geladen hatte – wie manche der Schiffe, auf denen er einst auch gefahren war. Als der Kasten an ihm vorbeigezogen war, setzte er seine Autofahrt fort.

Zwanzig vor drei. Die Zeit kroch dahin wie eine Schnecke. Ganz gemächlich kurvte er mit seinem Opel durch die Straßen. Auf einem Aufkleber an der Heckklappe stand zwar großspurig »...tschüß Gti«, aber bei dem Tempo, das er an diesem heißen Nachmittag fuhr, hätte jeder Radfahrer mithalten können.

In der Nähe der Ortschaft Harbern bog er in einen Sandweg ein, den er bisher noch nicht gefahren war. Junge Birken und Eichen säumten den Weg, der zwischen Maisfeldern und Wiesen hindurchführte. »Dortmunder Moorweg« stand auf einem Schild. Es war so trocken, dass es staubte. Um die sinnlose Fahrerei ein wenig aufzulockern und etwas Zeit zu schinden, hielt er am Ende des Sandweges an, wechselte die Kassette und schaltete von Ronnys Seemannsliedern auf Ronnys Golden Hits um. Er zündete sich eine Zigarette an und schob seinen Ellenbogen aus dem Seitenfenster.

Da sah er, wie sich vom Kanal her eine kleine Kutsche näherte. Zwei Minipferde waren davor gespannt, winzige Ponys. Auf dem Kutschbock saß, wie er bald erkannte, ein Mädchen mit blonden Haaren. Der Anblick nahm ihn gefangen, erregte ihn.

Während Ronny »Hohe Tannen« besang, beobachtete er gebannt, wie das Mädchen mit seiner Kutsche nach einer Weile anhielt, abstieg, die Zügel ihrer Pferdchen ergriff und wendete. Zu Fuß neben der Kutsche hergehend, entfernte sich das Mädchen wieder von ihm.

Das wollte er nicht zulassen. Seine Erregung wuchs. Er wollte das Mädchen haben. Er fuhr hinter der Kutsche her, überholte sie auf der rechten Seite. Der Weg war schmal. So musste er sich mit dem Auto regelrecht an dem Kind vorbeizwängen. Als er ein kleines Stück vorgefahren war, hielt er an, drehte die Scheibe an der Fahrerseite herunter und wartete auf die Kutsche und das Mädchen. Die Luft im Auto war trotz des offenen Fensters stickig, völlig verqualmt.

»My Bonnie is over the ocean«, sang Ronny.

Aber Ronny Rieken hörte nicht hin. Er drückte seine Zigarette aus und starrte auf den Weg.

Als das Mädchen an seinem Auto vorbeiging, streckte er blitzschnell seine Hand aus dem Seitenfenster und packte das Kind. Er krallte sich in den Haaren des Mädchens fest. Im nächsten Moment sprang er aus dem Auto, wechselte den Griff und umschlang sein Opfer. Das Mädchen schrie und trat verzweifelt um sich. Dabei starrte es den kräftigen blonden Mann im Holzfällerhemd mit weit aufgerissenen Augen an. Bei dem Gerangel entglitten dem Mädchen die Zügel, so dass die Shetlandponys ihren Weg allein fortsetzten.

Doch Rieken, der sonst panische Angst vor Pferden hatte, achtete nicht auf die Ponys.

Da ist dann wieder dieses Programm abgelaufen, dieses – blöder Ausdruck, aber ich habe kein besseres Wort dafür – dieses altbekannte Programm, da gab es kein Zurück mehr.

Er zerrte das angststarre Mädchen zum Heck seines Autos, zwängte es mit dem Kopf zuerst in den Kofferraum, schlug die Klappe zu, setzte seine Fahrt fort. Mit hoher Geschwindigkeit raste er über den Feldweg in Richtung Konsorstraße. Er hatte das Mädchen natürlich nicht nach seinem Namen gefragt, wusste also nicht, dass es Ulrike hieß. Er interessierte sich auch gar nicht dafür. Er verspürte weder Mitleid noch Angst, beobachtet zu werden. Und als Ulrike im Kofferraum weinte, drehte er einfach die Musik lauter.

»Kleine Annabell,
musst nicht traurig sein…«

Wilde Fantasien schossen ihm durch den Kopf. Er stellte sich vor, was alles er tun konnte mit dem Mädchen, das er in seiner Gewalt hatte und dem er all seine Wünsche aufzwingen konnte. Nur ein Ziel war es, das er vor Augen hatte, als er zum Küstenkanal zurückfuhr: seinen rund zehn Kilometer entfernten Lieblingsplatz, eine kleine Uferwiese im Schatten von Bäumen und Büschen, nicht weit entfernt von der Tierkörperbeseitigungsanstalt Kampe. Oft schon hatte er hier geangelt und vor sich hin geträumt. Doch an diesem heißen Juninachmittag sollte es auf dem kleinen Wiesenstück nicht so beschaulich zugehen.

Bevor er das Mädchen aus dem Kofferraum zerrte, nahm er die Hälfte des Nylonstrumpfs, den er immer im Auto hatte. Schon einmal hatte sich eine Strumpfhälfte als Keilriemenersatz bewährt. Diesmal aber nutzte er den Strumpf auf andere, ebenfalls erprobte Weise. Er verband dem Mädchen damit die Augen.

Verzweifelt versuchte Ulrike sich zu befreien. »Lass mich los, lass mich bitte, bitte gehen«, flehte sie den Mann an. Und der versprach: »Wenn du ruhig bist, bringe ich dich zu deiner Kutsche zurück.«

Aber das sagte er nur so. Er breitete seine rote Wolldecke aus, begann, Ulrike auszuziehen. Als sie sich wehrte, versetzte er ihr eine derart harte Ohrfeige, dass sie sich nicht mehr zu regen wagte.

Jetzt forderte er sie auf, sich vor ihm hinzuknien. Wie berauscht kostete er ihre Ohnmacht aus, warf sie zu Boden, würgte sie mit ihrem T-Shirt, um ihren letzten Widerstand zu brechen.

Er zwang sie, sein Glied in den Mund zu nehmen, drang mehrmals in sie ein.

Dann war da auf einmal das Geräusch eines sich nahenden Autos. Er horchte auf, hielt inne. Auch das Mädchen musste das Auto gehört haben. Es riss sich los, sprang hoch und schrie. Doch schon im nächsten Moment hatte er es wieder gepackt, niedergedrückt und ihm den Mund zugehalten. Dann ging alles ganz schnell. Er ergriff die losen Enden des T-Shirts, das noch um Ulrikes Hals geschlungen war, und zog zu. Ganz fest. Er beobachtete, wie das Kind röchelte. Doch er ließ nicht locker. Erst als Ulrike nach zwei bis drei Minuten kein Lebenszeichen mehr von sich gab, ließ er los.

Daraufhin legte er den erschlafften Körper in den Kofferraum und fuhr weiter. Aber wohin? Nach und nach kam ihm zu Bewusstsein, was er getan hatte. Entsetzt von seinem eigenen Tun zündete er sich eine Zigarette an. Es war weniger Mitleid, das ihn quälte. Es war vor allem die Kinderleiche im Kofferraum, die ihn mit Sorge erfüllte. Was, wenn er in eine Polizeikontrolle geriet? Wahrscheinlich würden sie ja schon nach dem Kind fahnden. Es war klar, dass er die Leiche schnell wieder loswerden musste. Aber wie?

Um zur Ruhe zu kommen, drehte er die Musik lauter.

»Oh, my Darling, oh my Darling,
oh my Darling Clementine….«

Er atmete durch, drückte seine Zigarette in dem überquellenden Aschenbecher aus und zündete sich gleich eine neue an, während er sein Auto durch Oldenburg in Richtung Osten steuerte. Irgendwann hatte er die Gemarkung des Dorfes Loy erreicht. Er kannte den Ort. Eine Tante von ihm hatte hier einmal gewohnt. Hinter Loy erstreckte sich ein Naturschutzgebiet, das Ipwegermoor, eine abgeschiedene Gegend. Er bog in einen Feldweg ein. Als er gerade ein passendes Waldstück entdeckt hatte und anhalten wollte, sah er in der Ferne einen Bauern über einen Acker tuckern. Um nicht beobachtet zu werden, setzte er seine Fahrt fort. Während er über einen Waldweg holperte, sog er hastig den Rauch seiner Zigarette ein, achtete nicht darauf, dass ihm die Asche auf die Hose fiel. Irgendwann hatte er die Gellener Torfmöörte erreicht.

Als er sich sicher wähnte, hielt er an einem Rastplatz für Wanderer und holte den Leichnam aus dem Kofferraum. Gut 500 Meter trug und schleifte er das tote Kind durchs Gestrüpp, bis er zu einer Senke kam, die von einem Hügel verdeckt wurde. Da er mittlerweile völlig verschwitzt und erschöpft war, beschloss er, die Leiche in der Senke abzulegen, von der er annahm, dass sie längst ausgetrocknet war – fälschlicherweise, wie sich später herausstellen sollte.

Er bedeckte die nackte Kinderleiche mit Laub, verbuddelte auch die Kleidung des Mädchens, hockte sich an den Grabenrand und rauchte zwei Zigaretten. Dabei ergriff ihn erneut Entsetzen über sein Tun. Wie hatte das nur passieren können? Was war bloß los mit ihm?

Da es noch zu früh war, nach Hause zurückzukehren, legte er einen Zwischenstopp an der Oldenburger Schleuse ein. Ein Frachtschiff, vermutlich mit Kohle beladen, schob sich heran. Er beneidete den Mann, der mit einer Pfeife in der Hand über das Deck schlurfte.

Für die Rückfahrt nach Elisabethfehn benötigte er eine knappe Stunde. Um abzuschalten, hörte er wieder Seemannslieder von Ronny.

»Rolling home, rolling home,
rolling home, across the sea...«

Als er gegen halb acht nach Hause kam, war das Haus leer. Gerda war mit den beiden Kindern zu Besuch bei Verwandten im Dorf. So war er noch ein bis zwei Stunden allein. Er zog seine Arbeitsklamotten aus und duschte. Lange und ausgiebig.

Immer drückender wurde ihm bewusst, was er getan hatte. Erst als Gerda mit den Kindern zurückkehrte, wurde ihm leichter zumute. Natürlich erzählte er seiner Frau nicht, was er am Nachmittag getan hatte – er war ja bei der Arbeit gewesen. Jetzt war er nicht in der Stimmung, sie über seinen Privatstreik aufzuklären. Bereitwillig wechselte er stattdessen Jonas die Windeln und spielte mit seinem kleinen Sohn. Auch am Tag darauf kümmerte er sich um den Jungen wie ein Bilderbuchvater. Tobte mit ihm auf dem Rasen vor dem Haus herum, schob Spielzeugautos durchs Haus, nahm Jonas zum Spaß den Schnuller weg. In Gedanken aber war er oft bei dem Mädchen mit der Ponykutsche.

Seine Frau berichtete später, dass er in dieser Zeit ungewöhnlich still, ja manchmal sogar geistesabwesend gewesen sei. Doch Argwohn schöpfte sie nicht.

Als Rundfunk, Fernsehen und Zeitungen über den Fall des vermissten Mädchens berichteten, hatte Ronny Rieken die Tat schon so weit aus seinem Bewusstsein geschoben, dass ihm war, als habe er gar nichts mehr damit zu tun.

3. Ulrike wird vermisst

Wubbo und Marlene Everts waren sofort alarmiert. Eine Bekannte aus Harbern hatte aufgeregt angerufen. »Die Pferde kommen allein zurück, von Ulrike ist nichts zu sehen. Da stimmt was nicht.« Sofort nach dem Anruf war Marlene Everts zum Dortmunder Moorweg geeilt, wenig später hatte auch ihr Mann seinen Betrieb verlassen, um sich auf den Weg nach Harbern zu machen. Nach kurzer vergeblicher Suche entschlossen sich die beiden, die Polizei zu rufen.

Die herbeigerufenen Polizeibeamten bemühten sich zunächst, die Eltern zu beruhigen und von einer harmlosen Erklärung zu überzeugen. »Die ist vielleicht zum Baden gegangen«, sagte ein Polizist.

Doch für die Eltern war klar, dass Ulrike niemals ihre Pferde im Stich gelassen hätte. Niemals. Wubbo Everts hatte das Gefühl, dass etwas Schlimmes passiert sein musste. Die Zögerlichkeit der Polizei ärgerte ihn, reizte ihn bis zur Weißglut. Wertvolle Zeit verstrich aus seiner Sicht, bis die Polizei die Sache ernst nahm und gegen Abend eine erste Suchaktion einleitete. Eine Hundestaffel wurde angefordert, Polizeihubschrauber mit Wärmebildkameras überflogen die Gegend. Aus Sicht von Wubbo Everts jedoch nicht weiträumig genug. Überhaupt verlief die ganze Fahndung, für die am nächsten Tag noch eine Hundertschaft zugezogen wurde, nach Meinung des besorgten Vaters viel zu oberflächlich.

Zu einer wirklich großangelegten Suchaktion, die auch die Wälder der Umgebung erfasste, kam es erst zwei Tage später mit Hilfe örtlicher Vereine. Die Feuerwehr ließ die Sirenen heulen. Das ganze Dorf wurde mobilisiert. Doch von Ulrike fand sich immer noch keine Spur.

Auch sonst hatte das Verschwinden des Mädchens kaum Spuren hinterlassen. Eine Frau, die an jenem heißen Nachmittag mit dem Kinderwagen unterwegs gewesen war, hatte aus 400 Meter Entfernung ein Auto wenden sehen, konnte aber keine genaue Beschreibung geben. Die übrigen Hinweise blieben ebenso vage. Wenn die Ponys hätten sprechen können... Was geschehen war, musste ihnen einen nachhaltigen Schrecken eingejagt haben. Denn noch lange Zeit danach scheuten sie, wenn sie an den mutmaßlichen Tatort kamen, weigerten sich weiterzugehen.

Für Ulrikes Eltern begann mit dem Anruf aus Harbern ein Alptraum, der kein Ende nehmen wollte. Die quälende Ungewissheit, Angst und Fassungslosigkeit verfolgten sie Tag und Nacht. Sie nahmen Beruhigungsmittel, um überhaupt noch einen klaren Gedanken fassen zu können oder Schlaf zu finden. Unfähig, weiter seiner gewohnten Arbeit nachzugehen, durchforstete Wubbo Everts Tag für Tag auf eigene Faust Gestrüpp und Wälder der Umgebung. Da er fast nichts mehr aß, magerte er ab bis auf die Knochen. Sein Gesicht war bald eingefallen wie das eines Todkranken.

Seine Frau litt auf weniger augenfällige Art. In manchen Momenten war es Marlene Everts, als sei das alles gar nicht wahr. In Ulrikes Zimmer sah es ja auch noch Monate später genauso aus wie an diesem Tag im Juni, eine Woche vor den Sommerferien, zwölf Tage vor Ulrikes Geburtstag. Ulrikes Rucksack mit den Schulsachen stand immer noch so auf dem Sessel, als wäre sie gerade erst von der Schule nach Haus gekommen. Auf dem Tisch ungeöffnete Briefe - Post von Tierbuchverlagen. Alles hatte sich ja bei Ulrike um Tiere gedreht, um Pferde vor allem. Ein Sattel, ein Westernhalfter, Bücher und Zeitschriften über Pferde beherrschten den Raum. Pferdemotive schmückten Bettzeug und Tapeten.

Außer den Ponys Rex und Sonja stand auch noch Ulrikes Haflingerstute auf der Weide. Fürsorglich kümmerten sich jetzt die Eltern um das Pferd, ebenso wie um die 20 Wellensittiche und Prachtfinken, die Zwergkaninchen, die Fische im Aquarium, den Dackel und die Katze, die Ulrike zuvor versorgt hatte.

Nahezu ihre ganze Freizeit hatte die Realschülerin ihren Tieren gewidmet. Für Freundinnen oder Mitschüler war da kaum mehr Zeit gewesen.

Völlig undenkbar war es daher für ihre Eltern, dass sie ausgerissen sein könnte, wie manche meinten. Einfach abhauen und die Tiere im Stich lassen? Vollkommen ausgeschlossen. Außerdem war Ulrike auch eher ängstlich, als Nachkömmling und Nesthäkchen umsorgt und verwöhnt. Auch von ihren drei Geschwistern, die bereits erwachsen waren und das Haus schon verlassen hatten.

Täglich ließ Wubbo Everts sich von der Polizei auf dem Laufenden halten. Dass es mit den Ermittlungen so schleppend voranging, verbitterte ihn, bestärkte ihn in seinem Verdruss über die Polizeiarbeit. Aufgebracht hatte er sich bereits darüber beschwert, dass die Reifenspuren viel zu spät gesichert worden waren, die sich auf dem Sandweg abgezeichnet hatten. Schon bald seien darum Schaulustige darüber hinweggelatscht, klagte er. Sogar Polizeiautos seien über die Spuren gefahren, bis endlich jemand Anweisung gegeben habe, den Weg abzusperren.

Nein, Wubbo Everts war auf die Sonderkommission Kutsche, die drei Tage nach Ulrikes Verschwinden eingerichtet worden war, nicht gut zu sprechen. Fehler über Fehler sah er in der Polizeiarbeit; bemängelte die schlampige Auswertung eines schlechten Tatortfotos, kritisierte die halbherzige Suche nach seiner Tochter, zeigte sich empört, als ein Polizeibeamter ihm nahe legte, sich an den Gedanken zu gewöhnen, dass Ulrike möglicherweise nicht mehr am Leben sei.

Um die ins Stocken geratenen Ermittlungen voranzutreiben, überzog Wubbo Everts den Leiter der Sonderkommission in Delmenhorst mit einer Dienstaufsichtsbeschwerde – und nahm damit in Kauf, dass man ihn nicht mehr täglich über den Stand der Ermittlungen informierte. Aber was sollte das auch?

»Nichts Neues« – auf diese stereotype Botschaft konnte er gut verzichten.

Und die Eltern verließen sich ohnehin nicht nur auf die Polizei. Sie veranlassten in- und ausländische Fernsehsender zu Berichten, schalteten eine Vermisstenanzeige mit Foto im Internet und ließen 50 000 Suchzettel drucken, auf denen Ulrike als Konfirmandin abgebildet und knapp beschrieben war: ca. 160 Zentimeter groß, blonde, glatte, nackenlange Haare, ovales Gesicht, dunkelbraune Augen. Immer höher kletterte die Summe, die sie zur Belohnung aussetzten – bis auf 50 000 Mark.

Im Schneeballsystem verbreiteten Freunde die Suchzettel mit Hilfe von Spediteuren bis ins Ausland. Lastwagenfahrer hängten die Zettel an Autobahnraststätten aus. Marlene und Wubbo Everts schrieben sämtliche Kreis- und Stadtsparkassen Deutschlands an, um sie zum Aushängen der Aufrufe zu veranlassen.

Der Kreis der Unterstützer weitete sich. Nicht nur Freunde und Verwandte, auch Fremde meldeten sich, um ihre Hilfe anzubieten. Darunter auch etliche »Spökenkieker«, die Wege jenseits der Schulweisheiten empfahlen, Hellseher und Pendler. In ihrer Verzweiflung klammerten sich die Everts an jeden Strohhalm. Ein Pendler gab sogar den Ausschlag dafür, dass die Polizei auf das Drängen der Eltern hin ein Waldstück durchsuchte. Man durfte ja nichts unversucht lassen. Es war doch alles so unglaublich, so unfassbar, dass vielleicht auch das Unglaubliche helfen konnte. Und Wubbo Everts schöpfte Kraft daraus, wenn ihm ein Hellseher sagte, dass seine Tochter noch am Leben sei. Kraft schöpften die Eltern auch aus ihren Gebeten. Wubbo und Marlene Everts, die der Kirche bisher nicht besonders eng verbunden gewesen waren, beteten, wie nie zuvor in ihrem Leben.

Denn bei allen Bemühungen kroch immer wieder die lähmende Angst in ihnen hoch, dass eines Tages der Anruf kommen könnte, der all ihre Hoffnungen zunichte machte. Doch sie kämpften dagegen an, weigerten sich, das Unabänderliche tatenlos auf sich zukommen zu lassen. Sie waren der Überzeugung, es Ulrike schuldig zu sein, alles Menschenmögliche tun zu müssen, um zu verhindern, dass die Polizei eines Tages die Aktendeckel über dem ungeklärten Vermisstenfall zuklappte. Undenkbar, unerträglich, sich das auszumalen! Die Vorstellung, dass ihr Kind womöglich von Menschenhändlern verschleppt und irgendwo erniedrigenden Sexualpraktiken ausgesetzt sein könnte – hilflos, verängstigt und allein –, brachte Marlene und Wubbo Everts fast um den Verstand. Die nervliche Daueranspannung machte sie reizbar und stellte auch die Ehe auf schwere Belastungsproben. Nichts war seit dem 11. Juni mehr wie zuvor.

4. Erinnerungen an den Vater

Keine 15 Kilometer von Jeddeloh II entfernt, spielte ein Mann mit seiner elektrischen Eisenbahn, der Marlene und Wubbo Everts hätte sagen können, was mit ihrer Tochter geschehen war. Doch der Mann hatte sich entschlossen, nicht mehr daran zu denken. Und es war ihm gelungen, die Erinnerung an jenen Junitag von sich abzustreifen wie Spinnengewebe, das einem am Kopf hängen bleibt, wenn man an einem Herbstmorgen durch den Wald spaziert. Er hatte ja auch seine Frau und seine beiden kleinen Kinder, die ihn beschäftigten. Und schon bald ging er wieder einer halbwegs geregelten Arbeit nach. Wenn es dennoch in ihm zu rumoren begann, dann zog er sich in seine Dachstube zurück, schaltete seine Stereo-Anlage ein und tauchte ab in seine Musik – in Lieder von Ronny oder auch in moderne Pop-Hits. Er ließ dabei seine elektrische Eisenbahn kreisen oder polierte seine Feuerzeugsammlung.

Dass möglichst nichts von dem, was einen tief im Herzen bewegt, nach außen dringen darf, hatte er schon als Kind gelernt. Dass es notwendig sein konnte, Mauern um sich zu errichten oder anderen Menschen etwas vorzuspielen.

Am 12. Februar 1968 war Ronny Rieken in einem Dorf am Jadebusen zur Welt gekommen. Er wurde auf den gleichen Namen getauft wie sein Bruder Ronny, der zwei Jahre zuvor unter ungeklärten Umständen gestorben war. Seine ersten drei Lebensjahre verbrachte Ronny II mit seinen beiden älteren Schwestern und seiner Mutter in dem Jader Ortsteil Jaderkreuzmoor, einer Siedlung von einem halben Dutzend Häusern. Später, nachdem auch Ronnys zwei Jahre jüngere Schwester Manuela geboren war, zog die Familie ein Dorf weiter nach Südbollenhagen und lebte hier in einem allein stehenden Haus am Rande von Birken- und Kiefernwäldchen.

Für beide Elternteile war es bereits die zweite Ehe. Ronnys Mutter Margot Rieken, Jahrgang 1933, hatte ihre beiden Töchter aus ihrer ersten Ehe mit in die neu gegründete Familie gebracht. Auch Ronnys Vater, der Maurer Wilhelm Hyacinthus (»Willi«) Rieken, hatte bereits mehrere Kinder mit seiner ersten Frau. Aber die waren bei ihrer Mutter geblieben; Ronny hatte sie nie kennen gelernt.

Als Ronny zur Welt kam, saß sein Vater hinter Gittern. Wegen Notzucht mit einem Kind, einem zehnjährigen Mädchen, war Willi Rieken am 21. Dezember 1967 vom Landgericht Oldenburg zu vier Jahren Zuchthaus verurteilt worden. Er hatte das Mädchen in ein Auto gelockt, geschlagen, gewürgt und vergewaltigt. Nachdem Wilhelm Rieken Zweidrittel seiner Strafe in der Justizvollzugsanstalt Celle I verbüßt hatte, wurde er im November 1970 vorzeitig entlassen und kehrte zu seiner Familie zurück. So sah er erstmals seinen mittlerweile zweieinhalb Jahre alten Sohn Ronny.

Zwiespältige Gefühle verbinden Ronny Rieken mit seinem Vater, der im Jahre 1995 verstorben ist.

Wenn er gesoffen hatte, war er ein Scheusal, aber wenn er nüchtern war, konnte er auch sehr lieb sein. Dann sind wir manchmal abends weggefahren, haben im Auto zusammengesessen und Spaß gehabt. Manchmal hat er uns auch was mitgebracht: Schokolade, Bonbons und so. Aber dann, meistens wenn er besoffen war, konnte er auch wieder sehr brutal sein. Dann war er der brutalste Mensch, den man sich vorstellen kann.. Dann hat er mich wegen jedem Scheiß gehauen, meistens mit der flachen Hand ins Gesicht. Da hat er so richtig ausgeholt und voll zugeschlagen. Und manchmal hat er mir auch an den Ohren gezogen. Das war überhaupt das Schlimmste.

Vieles ist verblasst, die schönen Dinge sind besser haften geblieben als die weniger schönen. Doch ziemlich genau erinnern kann sich Rieken an einen Sommertag des Jahres 1973, er war damals fünf Jahre alt. Grün und blau geschlagen habe seine Mutter ihn wieder einmal, weil er die Milch verschüttet hatte, die er gelegentlich vom Bauern in der Nachbarschaft holen musste, erzählt er viele Jahre später.

Zum Trost für die Prügel habe ihm sein Vater Bonbons geschenkt. »Komm, wir hauen einfach ab«, habe sein »Alter« gesagt. »Abmarsch.« Und dann sei er mit seinem Vater in die Kneipe ins Nachbardorf gezogen.

Das war das Größte für mich.

Schon die Fahrt dorthin war für ihn ein Riesenspaß. Sein Vater nahm ihn auf den Schoß und überließ ihm das Steuer. Und Ronny liebte Autos. Die Schrottwagen, die üblicherweise im Garten standen, waren seine bevorzugten Spielplätze. Und wie andere Jungen Steine sammelten, sammelte er Autoschlüssel. Wie einen Schatz bewahrte er die Schlüssel in einem Schuhkarton auf.

An diesem Tag aber kehrt der kleine Ronny mit seinem Vater im »Jabben« ein, der Kneipe in Bollenhagen. Er bekommt manche Groschen zugesteckt, so dass er sich am Kaugummi-Automaten bedienen kann und so viele belegte Brote essen und Limonade trinken darf, bis er zu platzen meint. Wie ein kleiner Prinz wird er verwöhnt, jeder gibt ihm etwas aus.

Sein Vater spielt derweil mit seinen Trinkkumpanen Skat. Erst am Abend, als der Alkoholpegel wieder einmal bedenklich angestiegen ist, macht sich sein Vater mit ihm auf den Heimweg. Immerhin verfügt Wilhelm Hyazinthus Rieken noch über so viel Einsichtsvermögen, dass er sein Auto stehen lässt und die anderthalb Kilometer mit seinem Sohn zu Fuß geht – quer über die Weiden.

Das hätte an sich ganz nett sein können. Aber je näher wir unserm Haus gekommen sind, desto mehr Schiss habe ich gekriegt. Meine Mutter hat bei solchen Gelegenheiten immer 'n mächtiges Theater veranstaltet…

Die Befürchtungen sollten sich erfüllen: Zur Begrüßung habe sich ein gewaltiges Donnerwetter über ihn und seinen Va ter entladen, erinnert sich Ronny Rieken. Dabei habe er noch Glück gehabt. Denn seine Mutter habe schnell von ihm abgelassen, weil sie in eine handgreifliche Auseinandersetzung mit ihrem Mann geraten sei. Für ihn sei es nichts Ungewöhnliches gewesen, Zeuge einer solchen Szene zu werden, sagt Rieken.

Das kam öfter vor, dass sich die beiden geprügelt haben. Meistens haben sie sich in die Haare gekriegt, wenn sie beide gesoffen hatten. Vor allem nach Familienfeiern und so ging es immer hoch her.

Wenn sein Vater nachts betrunken von der Arbeit nach Hause gekommen sei, habe auch er, der kleine Ronny, zittern müssen. Einmal, sagt er, habe sein Papa sich zu ihm ins Bett gelegt und ihm mit Gewalt sein erigiertes Glied in den Mund gesteckt.

Das war dann nicht mehr so schön. Furchtbar war das, wahnsinnig weh getan hat das.

Noch viele Jahre später erinnert sich Rieken daran, wie er einmal in seiner blutigen Schlafanzughose zum Frühstück gekommen sei. Auch seine Mutter habe sehen können, was geschehen war. Doch sie habe sich dafür entschieden, den Mantel des Schweigens über den Vorfall zu breiten – getreu ihrem Motto: »Was in der Familie passiert, bleibt auch in der Familie.«

Oft habe sich harmlos angelassen, was grausam enden sollte. Viel Spaß habe er zum Beispiel gehabt, wenn sein Vater mit ihm in der Scheune auf den Heuballen saß und Steinewerfen mit ihm spielte, berichtet Rieken. Die Kunst habe darin bestanden, den Stein in einen zwei, drei Meter entfernten tellergroßen Kreis zu zielen. Wer den Kreis verfehlte, habe tun müssen, was der andere verlangte. Was dann aber sein Vater verlangt habe, sei kein Kinderspiel mehr gewesen. »Bisschen dran nuckeln ist gar nicht schlimm.« Mit Sprüchen dieser Art habe ihm sein Vater immer zugeredet, wenn er sich vor dem geforderten Schwanzlutschen ekelte. Dabei habe ihn »der Alte« auch unter Druck gesetzt, indem er seine Rolle als Beschützer ins Spiel brachte. So in dem Stil: »Wenn du das jetzt nicht machst, dann kann ich dir auch nicht mehr helfen, wenn Mama dich hauen will.«

Oft, sehr oft habe er mit seinem Vater gespielt, sagt Ronny Rieken. Gut erinnere er sich vor allem an das Frage-und-Antwort-Spiel, bei dem man grundsätzlich mit »Nein« antworten musste. Auch hierbei habe der Verlierer tun müssen, was der andere von ihm verlangte – und nicht selten habe er, Ronny, verloren.

Das war schon schlimm. Aber ich hab gedacht, das geht irgendwann auch wieder vorbei, und dann ist es wieder meine kleine heile Welt.

Willi Rieken verging sich auch an seinen beiden Stieftöchtern Jutta und Ulla. Auch dies konnte seiner Frau nicht verborgen geblieben sein. Immer wieder muss Ronny Rieken zum Beispiel an diesen Sonntagmorgen denken. Seine Mutter sei gerade beim Essenkochen gewesen, erzählt er. Plötzlich sei lautes Weinen aus Ullas Schlafzimmer gedrungen. Kurz zuvor war sein Vater vom Frühschoppen zurückgekehrt, um sich gleich zielstrebig zum Bett der Elfjährigen zu schleichen. Als er Ullas Weinen gehört habe, sei er seinem Vater gefolgt, erzählt Rieken. Durch einen Türspalt habe er dann diese furchtbare Szene beobachtet.

Ulla hat gestrampelt und geweint. Mein Vater hatte sich auf sie geworfen und scheinbar versucht, in sie einzudringen. Aber meine Mutter hat so getan, als wenn sie nichts davon mitkriegt. Die hat einfach nur die Schlafzimmertür zugemacht, und das war's dann. Ich selber habe mir auch gedacht, dass ich lieber nichts sage, bevor ich wieder ran muss bei ihm.

Erst als Willi Rieken wegen der Vergewaltigung eines anderen Mädchens angeklagt wurde, trat der häusliche Missbrauch zutage. Ronnys Onkel und Tante bezeugten vor Gericht, dass der Angeklagte auch seine beiden Stieftöchter missbrauchte. Der Missbrauch des Sohnes indessen blieb unerwähnt.

Ronny war noch keine sieben Jahre alt, als sein Vater verhaftet wurde. Von der Festnahme selbst bekam er allerdings nichts mit. »Der ist auswärts arbeiten«, erklärte seine Mutter ihm. »Der bleibt für längere Zeit weg.«

Vater Rieken blieb für mehrere Jahre weg. Er kehrte nie wieder zu seiner Familie zurück. Um der Peinlichkeit des Skandals zu entfliehen, verließ seine Frau gleich nach der Festnahme mit ihren vier Kindern – inzwischen war auch Ronnys jüngste Schwester Manuela geboren – Hals über Kopf das Dorf am Jadebusen und zog nach Oldenburg. Die Familie quartierte sich zunächst im Haus von Schwester und Schwager ein, später in eine eigene kleine Wohnung in der Stadtmitte.

Einige Monate nach der Festnahme sollte es noch einmal zu einer kurzen Begegnung zwischen Vater und Sohn kommen. Um Möbel und andere Einrichtungsgegenstände abzuholen, war Margot Rieken mit Ronny zum früheren Haus der Familie gefahren. Um eine ordnungsgemäße Aufteilung des Hausstandes sicherzustellen, war es auch ihrem inhaftierten Mann gestattet worden, für diesen Lokaltermin das Gefängnis in Begleitung von Polizeibeamten zu verlassen. Er sei froh und traurig zugleich gewesen, seinen Vater wiederzusehen, sagt Ronny Rieken. Er habe von seinem »Erzeuger« einen alten Autoschlüssel geschenkt bekommen, verbunden jedoch mit einer Drohung: »Erzähl bloß keinem, was wir beide früher so zusammen gemacht haben. Sonst passiert dir was.«

Zum Abschied habe ihn sein Vater dann aber noch einmal auf den Arm genommen und ihm übers Haar gestreichelt. »Irgendwann sehen wir uns wieder, Junge. Und dann kommst du ganz zu mir«, habe sein Vater zu ihm gesagt.

Das waren seine letzten Worte. Die habe ich nie vergessen.

Trotz allem vermisste Ronny seinen Vater. Nun sei ja niemand mehr da gewesen, der sich schützend vor ihn gestellt habe, sagt er. Wenn seine Mutter ihn zum Beispiel wieder einmal geschlagen habe – mit dem Kleiderbügel, mit Gürteln oder der Hundeleine, was ihr gerade so in die Hände gekommen sei. Einmal habe sie ihn so lange mit einem Holzschuh auf den Kopf gehauen, bis das Blut gespritzt sei.

Gleichzeitig sei er von seiner Mutter aber auch mit Geschenken überhäuft und verwöhnt worden, erzählt er. Dennoch habe er sich immer nach seinem Vater gesehnt – umso mehr, je länger er von ihm getrennt gewesen sei.

Ronnys Mutter setzte alles daran, den Kontakt zwischen Vater und Sohn zu unterbinden. Nun war ja für alle Welt offenbar geworden, was ihr Mann gemacht hatte. Und das Mindeste, was sie jetzt noch tun konnte, um den Schaden zu begrenzen, war, ihren Sohn, vor dem schlechten Einfluss zu bewahren – zu verhindern, dass Ronny dem Vorbild des Vaters folgte. Mit aller Macht und Härte. Die Katholikin selbst besuchte ihren Mann anfangs noch in der Justizvollzugsanstalt Celle, schrieb Briefe und erhielt Briefe. Doch der Kontakt erlahmte, als sie die alte Bekanntschaft mit Heini auffrischte, einem alleinstehenden Bauern, von dem die Familie einst das Haus in Südbollenhagen gemietet hatte. Schon damals war der Bauer gelegentlich heimlich »zu Besuch« gekommen. Nun in Oldenburg bestand zur Heimlichkeit keine Veranlassung mehr. Und Onkel Heini, wie ihn die Kinder zu nennen hatten, stellte sich immer häufiger ein.

5. Der Prügelknabe

Ronny hasste Onkel Heini.

Der hat uns regelrecht gekauft, damit wir ihn akzeptieren. Immer hat er Süßigkeiten mitgebracht, und Weihnachten hat er unserer Mutter viel Geld gegeben, dass sie uns in seinem Namen beschenken konnte. Das teure Spielzeug, das ich gekriegt habe, hätte sie von der Sozialhilfe allein natürlich sonst nie bezahlen können.

Der Bauer besaß in Bollenhagen einen Hof mit Wäldern und Wiesen, Kühen, Schweinen und Pferden, dachte aber offenbar nicht ernsthaft daran, seine Geliebte mit ihren vier Kindern auf sein Gehöft zu holen. Auch Margot Rieken fand keinen Gefallen an dieser Idee. Denn Heini ließ sich auf seinem Hof von einer Haushälterin versorgen, die nicht eben begeistert war, Margot Rieken als Bauersfrau aufzunehmen.

Ronny war froh, dass sich die Beziehung in Grenzen hielt. Denn nur sehr selten hatte Onkel Heini ein gutes Wort für ihn, wenn der in Oldenburg zu Besuch kam. Er scheute auch nicht davor zurück, dem widerspenstigen Knaben hin und wieder eine kräftige Abreibung zu verpassen.

Dieses kleine brutale Miststück. Der hat mich geschlagen, gekniffen, gewürgt und an den Haaren gezogen – schlimmer als meine Mutter. Einmal hat er mir so die Eier zusammengequetscht, dass ich mich mehrere Tage lang nicht rühren konnte.

Für Onkel Heini stand fest, dass der Junge nur mit harter Hand auf den Weg der Tugend geführt werden konnte. Wenn überhaupt. Immer deutlicher nämlich meinte der Landwirt zu erkennen, dass Ronny durch seinen Vater erblich vorbelastet war.

Tatsächlich entwickelte sich der Junge auch nicht gerade zu einem Musterknaben. Weil er im Unterricht störte, musste er schon in den ersten Klassen oft nachsitzen – was allerdings gar nicht so schlimm für ihn war, weil er dann unter der Aufsicht seiner eigentlich ganz netten Klassenlehrerin immerhin ungestört Hausaufgaben machen konnte. Nein, er war kein schlechter Schüler, hatte keine Probleme mit dem Lernen. Doch er langweilte sich in der Schule. Und er geriet in Konflikt mit seinen Mitschülern, fühlte sich verspottet und verhöhnt.

Das ging vor allem los, als die spitz gekriegt hatten, dass wir Stütze vom Sozialamt kriegen und uns nicht die Klamotten leisten können wie die andern. Außerdem haben sie mich natürlich auch wegen meiner Krummnase ausgelacht, aber das war man ja schon fast gewohnt.

Peinlich sei es ihm auch gewesen, wenn seine Mitschüler beim Sportunterricht die blauen Flecken gesehen hätten, die von den häuslichen Schlägen herrührten. Furchtbar geschämt habe er sich vor allem beim Duschen, wenn sich seine Klassenkameraden über seinen kleinen Penis amüsiert hätten.

Zwei Zentimeter kürzer, und ich wär' ne Prinzessin, haben sie gesagt. Die haben mich regelrecht fertig gemacht mit diesen Sprüchen.

Schlimmer sei es noch nach dem Wechsel zur Hauptschule geworden. Mitschüler hätten seine Schultasche ausgekippt und die Sachen auf dem Schulhof verteilt oder die Luft aus seinem Fahrrad gelassen. Immer wieder hätten sie ihn verprügelt, einmal sogar seinen Kopf in eine Kloschüssel gesteckt. So habe er immer öfter die Schule geschwänzt, allmählich aber auch gelernt, sich zur Wehr zu setzen – und notfalls auch mal etwas kräftiger zuzuschlagen und zu treten.

Gelegentlich muss Ronny sich regelrecht in seine Kontrahenten verbissen haben. Natürlich bleiben solche Schlägereien auch der Schulleitung nicht verborgen. Schließlich muss er die Schule wechseln und die achte Klasse wiederholen.

Von vorübergehenden Freundschaften abgesehen, entwickelt sich Ronny zu einem Einzelgänger. Und so manche Freizeitbeschäftigung bewegt sich am Rande der Legalität.

Ich bin öfter auf Baustellen rumgeturnt und hab Warnleuchten eingesammelt Aber meistens bin ich auf Schrottplätzen rumgetigert. Alte Autos, das war mein Ding. Da ist es dann natürlich auch schon mal vorgekommen, dass man eingestiegen ist und das eine oder andere abgeschraubt hat.

Die Schrotthändler der Umgebung kennen ihn bald und lassen ihn meistens gewähren. Nur in einem Fall verbittet sich ein Schrotthändler die unerwünschten Besuche, ruft schließlich die Polizei und erstattet Anzeige wegen Betreten fremden Eigentums.

Mit Freunden sucht Ronny Rieken hin und wieder auch Autowerkstätten auf.

Teilweise waren die natürlich abgeschlossen. Da haben wir dann manchmal kleine Fenster eingeschmissen, um da rein zu kommen. Klar, wenn irgendwo noch mal ein Radio drin war, dann haben wir das natürlich auch mitgenommen.

Auch durch Supermärkte pilgert Ronny gelegentlich, um Kaugummi oder Zigaretten mitgehen zu lassen. Meistens schafft er es, dabei nicht erwischt zu werden. Bekommen seine Mutter oder gar Onkel Heini Wind von der Sache, ist mit Schlägen zu rechnen.

Er lässt es sich bald zur Gewohnheit werden, vorsorglich den Briefkasten zu kontrollieren, um belastende Post von der Polizei oder den Supermarktketten auszusortieren und verschwinden zu lassen.

Manuela steht ihm dabei zur Seite. Auch sonst versteht er sich mit seiner zwei Jahre jüngeren Schwester prima. Die beiden gehen zusammen in die Stadt, ins Kino oder Freibad und tauschen ihre Geheimnisse aus. Manuela wird zu Ronnys wichtigster Vertrauten.

Als er zwölf ist, nimmt ein Schulkamerad Kontakt zu ihm auf, der vor allem Interesse an seinem Geschlechtsteil hat, ihn »befummelt« und sich mit seiner Hilfe befriedigt.

Eigentlich war es mir scheißegal, was der mit mir gemacht hat: Hauptsache, der bleibt mein Freund, habe ich mir gesagt.

Als es mit dieser »Freundschaft« nach ein bis zwei Jahren vorbei ist, schließt sich eine Beziehung zu einem 30-jährigen Schulbusfahrer an.

Das war auch so'n kleiner Schwuli.

Ronny mag den Mann. Siggi lässt ihn ans Steuer, bringt ihm Autofahren bei und hat auch sonst immer ein offenes Ohr für ihn. Und Ronny nimmt es in Kauf, dass Siggi, der Busfahrer, Gegenleistungen erwartet – ihn unter anderem auffordert, sein Glied zu streicheln. Getreu der Devise: »Von nichts kommt nichts.«

Mir war es letztlich egal, Hauptsache, ich hatte einen Freund. Dass war wie mit meinem Vater: Dass ich was tun muss, damit der andere ganz für mich da ist… Meine Mutter hatte ja immer was dagegen, dass ich mit anderen gespielt habe. Sie hat ja immer nur gesagt, dass mich alle nur zu Dummheiten verleiten wollen, und darum hat sie mir den Umgang mit Gleichaltrigen eben gleich ganz verboten.

Als er sich schließlich doch einmal weigert, seinen großen Freund zu befriedigen, wendet sich der Busfahrer von ihm ab und sucht sich einen anderen Jungen.

Das war dann wieder so einer im knackigen Alter von zwölf oder 13 Jahren.

Trotz solcher Beziehungen habe er selbst keine homosexuellen Neigungen verspürt, beteuert Ronny Rieken. Mit 13 habe er auch bereits seine erste Freundin gehabt. Er sei mit dem Mädchen durch die Stadt geschlendert, mit ihr Eis und Hamburger essen gegangen. Doch damit sei es bald wieder vorbei gewesen. Auch die folgenden Bekanntschaften mit dem anderen Geschlecht seien immer nur von kurzer Dauer gewesen und oberflächlich verlaufen. Mit 16 habe er das erste Mal ein Mädchen geküsst. Dabei sei es dann aber auch geblieben.

Meine Mutter hat ja an allen was auszusetzen gehabt. Wenn sie mich besucht haben, hat sie sie angemistet, und wenn sie weg waren, hat sie sie schlecht gemacht.

Erst mit 18 sei er das erste Mal mit einer Freundin ins Bett gegangen, erinnert sich Rieken. Er habe panische Angst gehabt, befürchtet, sein Glied sei zu klein. Prompt habe er dann auch versagt. »Schlimm« sei das gewesen, richtig »schlimm«.

Nur ganz allmählich sei es etwas besser geworden. Aber dann habe ihm seine Mutter wieder ein schlechtes Gewissen gemacht, dass er sie vernachlässige.

Doch auch das Verhältnis zu seiner Mutter sei extremen Schwankungen ausgesetzt gewesen. Mal habe sie sich an ihn geklammert, dann wieder zurückgestoßen - besonders, wenn sie mit ihrem Heini zusammen war. Und in manch düsteren Momenten fragte er sich, was es überhaupt für einen Sinn hatte, sich weiter durch dieses öde Leben zu quälen.

Auch als er nach der achten Klasse die Hauptschule verlassen hatte und in das Berufsgrundbildungsjahr mit der Fachrichtung Metall übergewechselt war, wurde es nicht besser. Ganz im Gegenteil.

An einem Septemberabend des Jahre 1984 hat er sich wieder einmal mit seiner Mutter gestritten. Wütend ist er daraufhin aus der Wohnung gestürmt. Die Vorstellung, weiter mit seiner Mutter unter einem Dach zu leben, ist ihm unerträglich. Er will weg. Weit weg. Und er hat auch ein Ziel vor Augen: seine Tante in Elsfleth, seine Lieblingstante. Die hat immer Verständnis für ihn gehabt.

Als er an diesem Abend über das Gelände einer Autowerkstatt schlendert, entdeckt er auch das geeignete Fahrzeug, mit dem er bei der Tante vorzufahren gedenkt: einen Golf, der offenbar gerade repariert worden ist und abholbereit auf dem Hof steht. Er weiß, dass der Schlüssel am Schlüsselbrett bei der Waschhalle hängt. Kurzentschlossen zerschlägt er die Drahtglasscheibe der Waschhallentür, dringt in den Tankstellen-Laden ein und nimmt sich noch ein bisschen Geld aus einer Spardose und ein paar Packungen Zigaretten mit, bevor er sich den passenden Schlüssel für den Golf angelt. Obwohl er erst 16 ist und natürlich noch keine Fahrschule besucht hat, weiß er, wie man einen Golf zum Fahren bringt. Sein Freund, der Schulbusfahrer, hat ihm ja »Privatunterricht« erteilt.

Und so gelingt es ihm, das gestohlene Gefährt weitgehend problemlos von Oldenburg nach Elsfleth zu steuern. Leider aber öffnet niemand, als er gegen 23 Uhr an der Haustür seiner Tante klingelt.

Ich war enttäuscht, ganz furchtbar enttäuscht.

Niedergeschlagen macht er sich auf den Rückweg. Mit jedem Kilometer, den er Oldenburg näher kommt, wachsen seine Zweifel am Sinn des Lebens.

Wozu das alles noch? Ist doch sowieso alles sinnlos. Besser einmal den großen Knall, als immer weiter und weiter dieser ewige Ärger.

Als die Straße eine Kurve beschreibt, entschließt er sich, weiter geradeaus zu fahren – geradeaus auf einen Baum zu. Durch den Aufprall wird er zwar aus dem Auto geschleudert und schwer verletzt, verliert aber nicht, wie erhofft, das Leben. Benommen rappelt er sich mit eigener Kraft auf und wankt zu einer nahegelegenen Tankstelle. Unterwegs lässt er sein Feuerzeug aufflammen und steckt sich eine Zigarette an.

Als der Tankstellenpächter den Verletzten erblickt, nimmt er ihm erst einmal die Zigarette weg. Dann ruft er den Krankenwagen an. Eine leichte Gehirnerschütterung und der Verlust mehrerer Zähne, so lautet der Befund. Und gleich nach der notärztlichen Behandlung folgt die Vernehmung durch herbeigerufene Polizeibeamte. Gleichgültig gibt Ronny zu Protokoll, dass er das Auto geklaut hat und natürlich ohne Führerschein gefahren ist. »Ist doch sowieso alles egal«, sagt er den Polizeibeamten. »Ich wollte nicht ins Krankenhaus, ich wollte Schluss machen.«

»Alles Quatsch«, entgegnete seine Mutter, als sie mit den Selbstmordplänen ihres Sohnes konfrontiert wird. »Der hat doch gar keinen Grund, sich umzubringen. Dem geht's doch gut.«

Nach der Entlassung aus dem Krankenhaus wurde er zu Hause von seiner Mutter gepflegt und mit Chips, Cola und Zigaretten verwöhnt. Anfangs genoss er es noch, endlich einmal umsorgt zu werden. Doch nach knapp zwei Wochen begann der Streit von Neuem.

Erneut verspürte Ronny den Drang, weit weg zu gehen. Vielleicht auf ein Schiff. Als Binnenschiffer durch die Lande fahren – das war sein Kindheitstraum gewesen. Seine Mutter äußerte zunächst noch Bedenken. Doch es gelang ihm, seine Tante zu überzeugen. Und die bearbeitete ihre Schwägerin so lange, bis sie schließlich einwilligte. So heuerte Ronny Rieken noch im Herbst des gleichen Jahres als Schiffsjunge auf dem Binnenfrachter »Regina« an.

6. Unterwegs als Schiffsjunge

Er empfand, was er bisher fast nur vom Hörensagen oder aus Schlagern kannte: Glück. Mit dem Wechsel auf den Frachter ging für ihn ein Traum in Erfüllung.

Der Geruch vom Wasser, der einem in die Nase wehte, das war wirklich schön. Herrlich, dauernd unterwegs zu sein. Wenn man morgens aufstand, sah man die Landschaft an sich vorüberziehen. Man entdeckte immer neue Bäume oder Häuser. Wechselnde Dörfer, wechselnde Städte. Und vor allem: Weit weg von zu Hause. Das war das Beste.

Außer dem Schiffsjungen bestand die Besatzung nur aus dem Schiffsführer und einem Matrosen. Die Verhältnisse an Bord waren übersichtlich. Ronny stand mit seinem Chef per Du, fühlte sich gut behandelt. Die Arbeit hielt sich in Grenzen. Deck schrubben, Laderäume saubermachen, Maschine ölen, ein bisschen beim Kochen helfen – das gehörte dazu. Aber zwischendurch war viel Zeit zum Klönschnack, Karten spielen und natürlich auch Zeit für einen Umtrunk unter Männern.

Im Sommer pendelte die »Regina« zwischen Oldenburg und dem Ruhrgebiet mit Kies oder Kohle, und im Winter vermietete der Schiffsführer seinen Frachter als Lagerraum für Fischmehl. Ronny hatte in dieser dunklen Jahreszeit im Wechsel mit seinem Kollegen Bordwache zu halten, den Maschinenraum zu streichen oder die Kabinen zu überholen, kurz: das Schiff in Schuss zu halten. Da konnte schon mal Langeweile aufkommen. Da trank man schon mal einen über den Durst, damit die Zeit schneller verstrich – und da gingen mit Ronny hin und wieder auch die Pferde durch.

Zum Beispiel im März 1986. Die »Regina« liegt in Brake im Hafen. Ronny erwartet Besuch von seiner Freundin Silke, die er zuvor seinem Cousin Norbert ausgespannt hat. Das Dumme ist, dass dieser Cousin, Matrose wie Ronny, ebenfalls mit seinem Schiff in Brake vor Anker liegt. Prompt kommt es zum Zusammenstoß. Als Silke vom Bahnhof aus den Hafen ansteuert, wird sie von ihrem früheren Freund Norbert beobachtet. Um sie zur Rede zu stellen, stürmt der sofort auf sie los. Und als Silke ihn empört zur Seite stößt, revanchiert Norbert sich mit einer Ohrfeige.

Ronny beobachtet die Szene von seinem Schiff aus und eilt seiner Freundin zu Hilfe. »Verzieh dich, aber 'n bisschen plötzlich«, faucht er Norbert an. Gleichzeitig schubst er ihn mit Nachdruck zur Seite. Doch damit ist die Angelegenheit noch nicht erledigt. Das Nachspiel folgt am Abend.

Ronny hat seinem Freund Bernhard von der Geschichte erzählt, einem Matrosen auf einem Nachbarschiff mit langem Vorstrafenregister und dünnem Kinn- und Oberlippenbart. Ronny ist beeindruckt von diesem kleinen untersetzten Mann. Der ist von oben bis unten tätowiert und kann so spannend von seinen Schlägereien und Knastabenteuern erzählen, dass er aus dem Staunen gar nicht mehr herauskommt. Um den gut zwanzig Jahre älteren Saufkumpanen zu beeindrucken, schmückt Ronny die Auseinandersetzung mit seinem Cousin noch etwas aus. »Der hat meine Alte angefasst, das kann man sich natürlich nicht bieten lassen«, tönt er. »Da hab ich ihn erst mal vermöbelt.«

In Bernhards Augen ist die Strafaktion viel zu lasch ausgefallen. Und als Ronny mit Bernhard noch ein paar Flaschen Bier und einige Gläser Billig-Rum geleert hat, gelangt er auch zu der Ansicht, dass man »da noch mal richtig draufhauen« muss. Und zwar umgehend. Noch in der gleichen Nacht schleichen sich die beiden daher auf das Nachbarschiff, schlagen Norberts Kajütenfenster ein, stürmen in den Schlafraum von Ronnys Cousin und versetzen dem unsanft Geweckten mehrere kräftige Schläge – unter anderem gegen den Kopf.

Alarmiert von dem Geschrei eilt wenig später der Kapitän an den Ort des Tumults. Mit einlenkenden Worten gelingt es dem

Schiffsführer zuerst noch, die erhitzten Gemüter zu beruhigen. Doch schon gleich, als sich die Männer in der Kapitäns-Kajüte zusammengesetzt haben, um die Versöhnung zu begießen, bricht der Streit von Neuem los. Ein Wort gibt das andere, und eine vermeintliche Beleidigung veranlasst Bernhard, unvermittelt auf den Kapitän einzuschlagen. Und da Norbert den Versuch unternimmt, seinem Chef zu helfen, sieht sich Ronny veranlasst, seinen Cousin in Schach zu halten.

Obwohl die Schlägerei mit relativ harmlosen Verletzungen zu Ende geht, erstattet der Schiffsführer Anzeige. Dies wiederum versetzt Bernhard erneut in Rage. Um den Kapitän zur Rücknahme seiner Anzeige zu zwingen, beschließt er, mit Ronny ein zweites Mal auf dessen Schiff zu stürmen. Diesmal mit einer Schreckschusspistole bewaffnet. »Wenn der stur bleibt, dann haue ich dem das Ding über den Schädel«, kündigt Bernhard an. Wie beim ersten Mal endet der Schiffsbesuch mit erheblichem Einsatz von körperlicher Gewalt – und einer erneuten Anzeige.

Ronny und Bernhard werden daraufhin aufs Revier vorgeladen und eindringlich verwarnt: »Wenn das noch einmal passiert, geht ihr ab in den Knast. Noch einmal, und ihr seid fällig.«

Doch die beiden lassen sich auch hiervon nicht beeindrucken. Wutentbrannt und alkoholberauscht statten Ronny und sein Freund, der »Vorstrafenkönig«, dem Nachbarschiff einen dritten Besuch ab, um Rache zu nehmen. Bernhard schlägt mit seiner Schreckschusspistole auf den Kapitän ein, Ronny tritt seinem Cousin mit dem Fuß ins Gesicht und Genick. Der Schiffsführer erleidet dabei so schwere Verletzungen – unter anderem einen Kieferbruch –, dass er im Krankenhaus behandelt werden muss.

Für Ronny und Bernhard ist damit die Schonfrist abgelaufen. Beide werden auf ihren Schiffen festgenommen, beide kommen in Untersuchungshaft.

Ronny ist nicht das erste Mal hinter Gittern. Wegen des Autodiebstahls hat er bereits eine Woche Jugendarrest in Jever verbüßen müssen. Sein Chef hat ihm dafür Sonderurlaub gewährt. Dazu ist der Schiffsführer diesmal nicht bereit. Als Ronny nach knapp vier Monaten Untersuchungshaft die Jugendstrafanstalt in Vechta wieder verlassen darf, hat er seinen Arbeitsplatz auf der »Regina« verloren. Die restliche Jugendstrafe, die er für die schwere Körperverletzung erhalten hat, wird zur Bewährung ausgesetzt.

Nach seinem Gefängnisaufenthalt verbrachte Ronny, inzwischen 18 geworden, einige Wochen bei seiner Mutter in Oldenburg. Vorübergehend nahm er einen Gelegenheitsjob als Gehilfe eines Entlüftungsmonteurs an, trank, kam wieder auf dumme Gedanken. Nur zum Spaß alarmierte er zum Beispiel die Feuerwehr. Der »Spaß« brachte ihm eine Anzeige wegen Missbrauchs von Notrufen ein.

In dieser Zeit lernte er Tanja kennen, die in einem Kiosk in Westerstede bediente. Er ließ sich von ihr Bockwurst und Bier servieren und bald auch verführen. Dabei war die junge Frau bereits verlobt. Mit einem Zeitsoldaten. Schließlich bekam der Bundeswehrangehörige mit, dass sich seine Verlobte mit einem anderen vergnügte. Die beiden gerieten in Streit, und Tanja entschloss sich, ihrem Verlobten den Laufpass zu geben und ganz zu Ronny überzuwechseln. So stand sie plötzlich in Oldenburg mit ihrem Koffer vor der Tür. Doch diese Tür führte nicht etwa zu Ronnys Wohnung, sondern zur Wohnung seiner Mutter, bei der er gerade lebte. Und Margot Rieken zeigte sich gar nicht erfreut, über den Frauenbesuch. Ronny quartierte sich daher mit seiner Freundin heimlich im Wohnwagen seiner Mutter auf einem nahegelegenen Campingplatz ein. Kurze Zeit später mieteten die beiden eine kleine Wohnung in Oldenburg.

Bei aller räumlichen Nähe aber kamen sich Tanja und Ronny in sexueller Hinsicht nicht besonders nahe. Er habe panische Angst gehabt, Tanja sexuell zu enttäuschen, wird Ronny Rieken später erzählen. Immer habe er gemeint, sein Glied sei zu kurz. Zwar habe er jede Nacht mit Tanja zusammen verbracht, aber:

»Es funktionierte einfach nicht.« Allen Anstrengungen zum Trotz sei es in der ersten Zeit nie zu einer Erektion gekommen. Erst nach einigen Monaten habe er überhaupt erstmals geschlechtlich mit seiner Freundin verkehrt. Sehr enttäuschend sei das gewesen, »richtig eklig«. Warum eklig?

Ach, alles, was mit Geschlechtsverkehr zu tun hatte, war für mich irgendwie eklig – eine Frau streicheln und anfassen und so weiter. Ich hab mich einfach nicht getraut: angefangen vom Ausziehen bis zum Ende hin. Ich wusste ja auch nicht, was ich machen sollte.

Trotz sexueller Probleme verlobten sich die beiden aber schon bald. Ihren Lebensunterhalt bestritten sie mit Hilfe einer Umschulung, die das Arbeitsamt finanzierte. Besonders ernst nahmen Ronny und Tanja den damit verbundenen Unterricht jedoch nicht. Sie nutzten insbesondere die Nächte, um sich gemeinsam mit einem Freund ein Zusatzeinkommen zu verschaffen. Sie stiegen in Einfamilienhäuser und Schulen ein und erbeuteten hin und wieder ein wenig Bargeld und Sachgegenstände von eher geringem Wert. Hier ein Radiorekorder, da eine Spardose. Nicht einmal vor dem Opferstock einer katholischen Kirche machte das Trio halt. Dabei war Ronny durchaus gläubig, zündete gelegentlich Opferkerzen an und las in der kleinen Taschenbibel, die er oft mit sich führte. Aber vielleicht war es gerade dieser Tabubruch, dieses Spiel mit dem Feuer das ihn reizte.

Das war schon wahnsinnig aufregend, wirklich, der reinste Nervenkitzel. Einfach ein wahnsinniges Gefühl, was Verbotenes zu tun. Dabei war das Risiko nicht ohne: Ich hatte ja noch die Bewährung offen.

Nach einigen Wochen kam die Polizei dem Trio auf die Schliche. Nach einer Hausdurchsuchung war der Fall klar. Da der Wert des beschlagnahmten Diebesguts aber nicht besonders hoch war, durfte Ronny weiter auf freiem Fuß bleiben. Bereitwillig trug er zur Aufklärung der Einbruchserie bei, so dass lediglich der ebenfalls vorbestrafte Komplize einsitzen musste und er selbst mit einer Bewährungsstrafe von 18 Monaten davonkam. Ronny war dem Rat seines Bewährungshelfers gefolgt. Um vor Gericht einen guten Eindruck zu machen, hatte er erneut angeheuert. Dies bewahrte ihn vor dem Knast.

Tanja begleitete ihn, als er sich in Emden dem Schiffsführer der »Wilma« vorstellte. Und der Kapitän nahm nicht nur Ronny, sondern seine Verlobte gleich mit. Eine Frau, die kochen konnte, war schließlich nicht zu verachten.

So kehrte er in Begleitung seiner Verlobten aufs Schiff zurück. Doch das Zusammenleben an Bord erwies sich als kompliziert. Denn Tanja teilte ihr Bett nicht nur mit Ronny, sondern auch mit Matrosen von anderen Schiffen, die sie während der Fahrt an den verschiedenen Haltepunkten kennen lernte – sehr zum Verdruss ihres Verlobten.

Die war so scharf auf Matrosen, dass jeder mal durfte. Wenn ich die Maschine geölt habe, ist sie mit anderen Männern ins Bett gestiegen.

Auch der Schiffsführer beobachtete mit wachsendem Ärger, was auf seinem Kahn vor sich ging. Er drängte seinen Schiffsjungen, Konsequenzen zu ziehen. Nach etwa acht Wochen kam es zum finalen Krach. Tanja ging von Bord.

Ronny war froh, wieder zur Ruhe zu kommen. Er genoss es, sich auf den Schifffahrtsstraßen wieder den Wind um die Ohren wehen zu lassen. Weser, Mittellandkanal, Rhein-Herne-Kanal, Dortmund-Ems-Kanal – es war schön, unterwegs zu sein, von einer Schleuse zu anderen. Und Ronny war stolz, dass er nun auch schon mal das Ruder führen durfte, anstatt nur das Deck zu schrubben oder Kartoffeln zu schälen. Die Arbeit an Bord machte ihm Spaß.

Dieses Knallen und Zischen, wenn die Maschine mit Luftdruck angeworfen wird. Das war das schönste Geräusch, das ich mir vorstellen konnte. In einem fort klapperte etwas auf dem Schiff, alles vibrierte. Und dann dieses dauernde Blubbern, wenn man auf dem Heck stand. Das war wie Musik in meinen Ohren.

Der Ton des Nebelhorns ging ihm durch und durch, dieses dumpfe wehmütige Tuten, mit dem zum Beispiel weiter entfernte Schiffe begrüßt wurden.

Längere Liegezeiten waren natürlich ziemlich öde. Aber dann vergnügte man sich eben in den Diskotheken der Umgebung.

So ist es auch an jenem Wochenende im Herbst 1987, als die »Wilma« in Leer angelegt hat. Ronny hat Besuch. Seine neue Freundin Yvonne ist zu ihm zum Hafen nach Leer gefahren. Und nach dem gemeinsamen Diskobesuch hat er sie spät in der Nacht mit auf seine Kajüte genommen. Er ist daher wenig begeistert, als der Schiffsführer ihn am nächsten Morgen in aller Frühe weckt und den Auftrag erteilt, Kohlen in einen bereitstehenden Anhänger zu befördern. Er murrt, brabbelt etwas von Müdigkeit und der Zumutung, ihn zu dieser frühen Stunde aus dem Schlaf zu reißen. Der Kapitän, ohnehin erzürnt, dass sich sein Mann ohne Genehmigung ein Mädchen an Bord geholt hat, gerät in Wut angesichts dieser Arbeitseinstellung: »Wenn dir das hier nicht passt, Junge, kannste von mir aus gleich gehen. Die Kündigung kannste dir sparen, du Penner. Du bist entlassen. Also, pack deine Sachen und Abmarsch.«

So hatte Rieken schon nach knapp einem Jahr seinen Arbeitsplatz auf dem Wasser wieder verloren. Doch wieder hatte er Glück. Schon nach wenigen Tagen fand er eine neue Heuer. Trotz seiner unrühmlichen Eskapaden war er unter den Binnenschiffern als guter Arbeiter bekannt. Der Frachter trug den Namen »Divo 1«, nach den Anfangsbuchstaben der Schiffseigner Dieter und Volker.

Wieder eine neue Chance. Rieken war auf dem Schiff zumeist allein mit seinem Chef Volker. Wie mit einem guten Freund habe er sich mit dem Chef verstanden, erinnert er sich. Auch einen Teil der Freizeit habe er mit dem Schiffsführer verbracht.

Das war eine schöne Zeit. Und wenn ich mal ein paar Tage zu Hause war, dann habe ich mich immer schon gefreut, aufs Schiff zurückzukommen.

Doch besonders lange währte auch diese »schöne Zeit« nicht. Am 20 Mai 1989 ereignete sich etwas, das Riekens Laufbahn als Binnenschiffer ein endgültiges Ende bereitete.

Es begann damit, dass er sich bei einem Arbeitsunfall auf der »Divo 1« den Finger quetschte und im Krankenhaus behandelt werden musste. Da er nach der Entlassung aus der Klinik noch zwei Wochen krank geschrieben war, konnte er nicht gleich aufs Schiff zurück. Er musste wieder Quartier bei seiner Mutter in Oldenburg beziehen. Notgedrungen. Prompt setzten die alten Streitereien wieder ein. Er stürzte in ein tiefes Loch. Abermals beschloss er, Schluss zu machen mit seinem unnützen Leben. Er versuchte, sich an einem Fensterkreuz zu erhängen – doch der Versuch misslang, der Fensterrahmen hielt seinem Gewicht nicht stand.

Zu den schönen Momenten dieser Zwangspause zählten die Besuche Manuelas. Seine Schwester war inzwischen bei ihrer Mutter ausgezogen und hatte eine Ausbildung zur Fleischfachverkäuferin begonnen. Es gab niemanden, mit dem er sich so gut unterhalten konnte wie mit Manuela; niemanden, dem er sich so eng verbunden fühlte – enger als seinen wechselnden Freundinnen.

Das Problem jedoch bestand darin, dass Manuela einen Freund hatte. Und der sah es gar nicht gern, wenn seine Freundin viele Stunden bei ihrem Bruder herumhockte. Zum Beispiel an diesem Tag im Mai.

Es war das letzte Wochenende, das Ronny Rieken in Oldenburg verbringen sollte. Seine Mutter war zum Campingplatz gefahren, wo sie in der warmen Jahreszeit manche Wochen in ihrem Wohnwagen zubrachte. Manuela war daher schon am späten Vormittag gekommen, um sich gemeinsam mit Ronny die Zeit zu vertreiben.

Da es sehr warm ist, trägt Ronny nur eine kurze Hose. Manuela schlüpft in ihren Bikini und sonnt sich mit ihrem Bruder auf dem Balkon. Die Vögel zwitschern, der Rhododendron blüht, weiße Federwölkchen schweben über den blauen Himmel. Ein Tag wie Samt und Seide. Die Geschwister trinken Bier, sprechen über frühere Zeiten, albern. Als Manuela jedoch ins Badezimmer geht, um sich zu duschen, wird aus der Alberei Ernst. Ronny folgt seiner Schwester, umfasst von hinten ihren Hals, beginnt, sie zu würgen. Manuela bekommt Angst und schreit ihren Bruder wütend an.

»Bist du verrückt geworden, hör sofort auf damit.«

»Ist doch bloß Spaß«, entgegnet Ronny grinsend, nachdem er losgelassen hat.

»Schöner Spaß, mach das bloß nicht noch mal, du.«

Darauf greift Ronny erneut nach ihrem Hals, tut, als würde er wieder zudrücken.

»Stell dich doch nicht so an.«

»Lass mich sofort los, du hast sie ja nicht mehr alle.«

»Ist ja schon gut, beruhig dich.«

Daraufhin lässt Ronny seine Schwester zunächst in Ruhe. Als Manuela sich wieder gefasst hat, setzte sie sich erneut mit ihrem Bruder auf den Balkon. Irgendwann klingelt das Telefon. Manuelas Freund ist am anderen Ende. Er fordert seine Freundin auf, sofort nach Hause zu kommen. Und Manuela ist gleich bereit, dem energisch geäußerten Wunsch Folge zu leisten.

Ronny empfindet dies wie einen Schlag in die Magengrube. Er fühlt sich zurückgesetzt, fordert seine Schwester auf zu bleiben – zuerst bittend, dann im Befehlston.

Da Manuela sich beharrlich weigert, wird er wütend. Als seine Schwester sich anziehen will, versucht er, sie mit Gewalt daran zu hindern. Manuela bekommt Angst, rennt ins Badezimmer und schließt sich ein.

»Stell dich doch nicht so an, komm raus, los«, ruft Ronny durch die verschlossene Tür. Im nächsten Moment legt er aber schon im Wohnzimmer zwei Gürtel bereit. Nach einigen Minuten meint Manuela, ihr Bruder habe sich wieder beruhigt. Sie verlässt das Badezimmer, setzt sich aufs Wohnzimmersofa, um sich ihre Schuhe anzuziehen. Doch im selben Augenblick tritt Ronny plötzlich hinter sie, legt ihr einen Gürtel um den Hals und fordert sie auf, sich wieder auszuziehen. Manuela schreit ihn an, wehrt sich, schlägt um sich. Doch Ronny lässt nicht locker. Er würgt sie, bis sie für kurze Zeit das Bewusstsein verliert und ihr Widerstand erlahmt.

Ich weiß auch nicht, was da in mich gefahren ist. Wahrscheinlich war ich total eifersüchtig. Ich habe ihren Freund gehasst wie die Pest. Der hat Manuela doch nur geschlagen und ausgenutzt, der Kerl. Ich wollte einfach nicht, dass sie zu dem zurückgeht.

Ist es das Machtgefühl, das er plötzlich über seine schockierte Schwester erlangt? Sind es Kindheitsmuster von Gewalt und Sexualität, die in ihm aufflammen? Die Überwältigung Manuelas erregt ihn so, dass er den Drang verspürt, auch sexuell von ihr Besitz zu ergreifen. Mit äußerster Brutalität führt er sein Glied in ihre Scheide ein, kommt dabei aber nicht zum Samenerguss. Und da ihn diese Vergewaltigung nicht befriedigt hat, beschließt er, es ein zweites Mal zu versuchen. Wie einen Hund zieht er seine Schwester mit dem Gürtel um den Hals ins Kinderzimmer. Als Manuela auf allen Vieren den Raum erreicht hat, reißt er sie mit dem Gürtel hoch und wirft sie aufs Bett. Und wieder dringt er mit Gewalt in sie ein, bis er schließlich zum Samenerguss kommt.

Ich weiß ja selbst nicht, wie es dazu gekommen ist. Warum ausgerechnet Manuela? Warum meine beste Freundin? Wahrscheinlich wollte ich sie für die gesamte Männerwelt versauen. Dass sie nie mehr etwas mit einem Mann zu tun haben will, nie mehr.

Erschöpft von seinem eigenen Gewaltausbruch, lässt er seine Schwester nach einiger Zeit ziehen »Willst du wirklich zu dem Kerl zurück?«, ruft er ihr noch nach. Doch Manuela ist so verstört, dass sie keinen Ton herausbekommt. Voller Panik läuft sie aus der Wohnung und wankt, immer noch fassungslos zitternd, zur Bushaltestelle. Ronny folgt ihr, redet auf sie ein, bloß kein Trara um die »Geschichte« zu machen. Als schließlich der Bus kommt, steigt auch Ronny ein, setzt sich hinter seine Schwester und beschwört sie flüsternd weiter, nur ja den Mund zu halten. Erst als der Bus die Oldenburger Innenstadt erreicht hat, steigt er aus und lässt Manuela allein.

Gemeinsam mit ihrem Freund ging Manuela am nächsten Tag zum Arzt und später zur Polizei, um Anzeige gegen ihren Bruder zu erstatten.

Ronnys Mutter, die die beiden gleich nach der Tat angerufen hatten, war zunächst gegen eine Anzeige.

Auch später noch hat sie Manuela bittere Vorwürfe gemacht. Sie hat ihr vorgehalten, Schande über die Familie gebracht zu haben und so weiter. »In Wirklichkeit bist du doch selbst schuld an der Vergewaltigung«, hat sie zu ihr gesagt.

Ronny Rieken war wieder aufs Schiff zurückgekehrt. Doch schon am Dienstag, seinem zweiten Arbeitstag, wurde er in Duisburg an Bord der »Divo 1« festgenommen und zur Untersuchungshaft nach Oldenburg befördert. Die Festnahme kam für ihn überraschend.

Ich hatte nicht damit gerechnet. Ich hatte ja überhaupt nicht das Gefühl, dass irgendwas Weltbewegendes passiert war.

7. Die Traumfrau

Während des Verfahrens vor dem Landgericht Oldenburg lehnte es Ronny Rieken ab, sich zu den Tatvorwürfen zu äußern. So wurde seine Schwester vorgeladen. In quälender Befragung musste sie Einzelheiten der Vergewaltigung schildern. Rieken weigerte sich auch im Gespräch mit dem psychiatrischen Gutachter Heinz Winterscheid, über den Ablauf der Tat oder familiäre Dinge zu sprechen. Ebenso wenig aussagebereit zeigte er sich, als ihm der Psychiater einen knapp zwei Jahre zurückliegenden Fall vorhielt. Damals war ihm vorgeworfen worden, eine 15 Jahre alte Schülerin aus der Nachbarschaft vergewaltigt zu haben. Die Eltern des Mädchens hatten Anzeige erstattet. Da sich die Vorwürfe nicht erhärten ließen, waren die Ermittlungen eingestellt worden. Erneut beteuerte Rieken, das Mädchen habe sich ja gar nicht gewehrt. Sie habe lediglich »Nein« gesagt, weil sie nicht schwanger werden wolle. »Da kann man doch nicht von Vergewaltigung sprechen.«

Der Psychiater bemühte sich, dem Angeklagten klar zu machen, dass ein derartiges »Nein« unbedingt zu respektieren ist. Doch Rieken blockte jedes weitere Gespräch ab.

Seine Mutter habe ihn in seiner Verweigerungshaltung bestärkt, sagt Rieken später. »Wenn die sich gar nicht wehrt, kann sie nachher auch nicht kommen und sich darüber beklagen, dass sie vergewaltigt worden ist«, habe seine Mutter auf ihn eingeredet. Und er sei dankbar für den Zuspruch gewesen, habe nicht gleich erkannt, aus welch eigensüchtigen Motiven seine Mutter gehandelt habe. Seit je her habe sie ihn ja vor den Frauen gewarnt.

Meine Mutter ist immer schon eifersüchtig auf meine Freundinnen gewesen. Die hat alles daran gesetzt, die Beziehungen, die ich hatte, möglichst schnell wieder kaputtzumachen. Wenn eine Freundin bei mir auf dem Zimmer war, dann ist sie eiskalt reingekommen und hat sich daneben gesetzt. Sie wollte ihren Ronny für sich behalten, keine Frage. Sie war ja schon dagegen, dass ich damals überhaupt aufs Schiff gegangen bin.

Als Mutter des Angeklagten machte Margot Rieken vor Gericht von ihrem Aussageverweigerungsrecht Gebrauch. In das Verfahren jedoch wurde ein Gespräch eingeführt, das sie am 24. 5. 1989 mit Kriminalbeamten geführt hatte. Der Wortlaut der Aussage, die teilweise im Gegensatz zu den Erinnerungen Ronny Riekens steht, wirft ein Schlaglicht auf den tiefen Zwiespalt, in dem Margot Rieken steht. Die Aussage wurde von den Vernehmungsbeamten protokolliert und nachgezeichnet.

Margot Rieken:

»Der Vater von Ronny und Manuela hat lange Zeit im Zuchthaus gesessen. Von den neun Jahren, die wir verheiratet waren, saß er sieben Jahre im Zuchthaus. Er hat immer kleine Mädchen vergewaltigt. Als er mal zwei Tage aus dem Knast war, hat er meine zweitälteste Tochter missbraucht. Er ist mit ihr abgehauen. Sie war wohl neun Jahre alt. Ich habe die beiden polizeilich suchen lassen. Dann hat er die beiden Kleinen (Ronny und Manuela) gebadet und Ronny dabei fast das halbe Ohr abgerissen. Danach bin ich mit den Kindern flüchten gegangen. Ronny war wohl damals ca. sechs Jahre, Manuela ca. drei Jahre.

Mein Mann war immer herzensgut. Aber wenn es wieder bei ihm ausrastete, dann war er gewalttätig und verging sich an Kinder.

Er hat mich auch gewürgt, als ich ihn mal mit meiner Tochter I. überrascht habe. Ich konnte drei Wochen nichts essen. Ich kann nur vermuten, dass Ronny so wie sein Vater ist, und mir macht dies Angst. Mein Mann hat auch mal geäußert, dass er schon mal jemanden umgebracht hat. Ich nehme diese Äußerung ernst und habe Angst, dass Ronny sich mal vergisst und dass er jemanden ans Leben geht.

Dazu kann ich noch sagen, dass ich noch einen Sohn hatte. Er war auch von meinem Mann, also von dem Vater von Ronny. Er war damals vier Monate alt. Mein Mann war unheimlich eifersüchtig auf das Kind. Ich fand den Jungen im Kinderwagen, er lag auf dem Bauch, und das Gesicht war ins Kissen gedrückt. Er war richtig zugedeckt. Ich kam zufällig dazu und habe geschrien. Mein Mann lag noch im Bett. Ich ging zu ihm hin. Ich sagte ihm, dass Ronny tot ist. Das Kind hieß auch Ronny. Mein Mann blieb ganz ruhig und sagte, dass ich nicht heulen sollte, wir würden ein neues Kind machen. ... Ich glaube heute immer noch, dass er unseren Sohn umgebracht hat. Was mich noch weiter gestört hat, dass man mir seitens der Polizei damals sagte, dass das Kind am Geschlechtsteil ganz blau war. ...

Ich glaube einfach, dass dies alles wichtig ist. Ich möchte, dass mein Sohn in ärztliche Behandlung kommt. Ich kann ihn nicht mehr schützen. Es geht hier um meine Tochter. Mein Sohn ist krank. Ihm muss geholfen werden. Im Knast kann man ihm nicht helfen. Ich habe Angst, dass noch mehr passiert. ... Ich glaube jetzt meiner Tochter. Mir tut es so furchtbar leid. Ich denke dann immer an meine Zeit mit diesem Mann zurück. Es wird dann alles aufgewühlt. Ich kann Ronny nicht mehr schützen. Ich habe mich zunächst sehr dumm benommen. Mir tut es jetzt echt leid.«

Das Gericht verurteilte Ronny Rieken am 15. Dezember 1989 wegen Vergewaltigung in einem besonders schweren Fall zu einer Freiheitsstrafe von zehn Jahren. Doch der Verurteilte legte Revision ein. Mit Erfolg: Der 5. Strafsenat des Bundesgerichtshofs (BGH) hob das Urteil auf: »Bedenklich ist aber der Hinweis des Tatrichters, dass die Folgen der Tat für den Angeklagten voraussehbar gewesen seien, weil das Opfer seine Schwester sei«, befand der BGH nach Aktenlage. »Dies lässt besorgen, dass der Tatrichter sich bei der Bemessung der Strafe vorwiegend von dem Umstand hat leiten lassen, dass der Angeklagte seine Schwester vergewaltigt hat.« Nach einem neuen

Verfahren kam die 6. Große Strafkammer des Landgerichts Oldenburg daraufhin zu einem sehr viel milderen Urteil: Die Freiheitsstrafe verringerte sich von zehn Jahren auf fünf Jahre und sechs Monate. Zugunsten von Rieken wertete das Gericht jetzt, dass er ein Geständnis abgelegt und Reue gezeigt habe. Auch der Alkoholkonsum vor der Tat mindere die Schwere der Schuld, befanden die Richter. Und stärker als beim ersten Prozess gewichteten sie nun auch das Alter des Angeklagten, der zur Tatzeit erst 21 Jahre gewesen war.

Rieken verbüßte die Strafe in der Jugendhaftanstalt Vechta, die er bereits von einer viermonatigen Untersuchungshaft kannte. Nach dem erfolgreichen Revisionsverfahren stellte er sich schnell auf die Gegebenheiten ein und nutzte die Chancen, die sich ihm boten. Er unterzog sich einer Therapie, um von seiner Alkoholabhängigkeit loszukommen und absolvierte eine Umschulung zum Maschinenbauer. Mit Erfolg.

Weitgehend unbearbeitet dagegen blieb die schwere Sexualstraftat. Der Anstaltspsychologe sah sich überfordert und vertraute lediglich auf den Effekt des Alkoholentzugs. Ohne eingehende Sexualtherapie wurde Ronny Rieken bereits nach vier Jahren wieder entlassen.

Seine Mutter hatte sich inzwischen von Onkel Heini getrennt und einen älteren Herrn geheiratet. Nach der Eheschließung war sie von Oldenburg nach Elisabethfehn umgezogen, wo sich ihr Mann Paul ein neues Haus für den neuen Lebensabschnitt gekauft hatte. Ronny war schon während seiner Wochenendausgänge von der Haftanstalt Vechta aus häufig in Elisabethfehn zu Besuch gewesen. Er kannte das Dorf hinter dem Kanal aus Kindertagen von Besuchen bei seinem Onkel, der hier lebte.

Als die vorzeitige Entlassung näherrückte, drängte ihn seine Mutter, auf jeden Fall zu ihr zu ziehen. Lieber wäre er zu einem Freund nach Oldenburg gegangen, sagt er heute. Doch seine Mutter habe ihn derart unter Druck gesetzt (»Wenn ich unter der Erde liege, dann ist es zu spät«), dass er schließlich nachgegeben habe.

Für Elisabethfehn sprach immerhin, dass Gerda hier lebte, die Ronny schon als Kind bei seinen Besuchen in Elisabethfehn kennen gelernt hatte. Gerda arbeitete als Küchenhilfe in einem Altenheim. Sie wohnte noch bei ihren Eltern und war nicht ganz so flink im Kopf wie andere, aber für Ronny war sie »die Traumfrau«. Bereits während seiner Haftzeit hatte er den Kontakt zu der »treuen Seele«, die genauso alt war wie er selbst, erneuert. Gerda hatte ihn in Vechta besucht und gedrängt, seine Maschinenbau-Lehre zu Ende zu bringen, um von der Binnenschifffahrt wegzukommen. Denn die Vorstellung, mit einem Mann zusammenzuleben, der ständig unterwegs war, behagte ihr nicht.

Von einem gemeinsamen Leben waren die beiden anfangs jedoch noch weit entfernt. Sie trafen sich auf dem Parkplatz eines Schrottplatzes. Hier blieben sie meist in ihren Autos sitzen und unterhielten sich durch die heruntergekurbelten Autofenster. Ronny Rieken drängte es nicht danach, zu Gerda ins Auto zu steigen. Auch später beließ er es beim Kuscheln. Gerda störte es nicht, dass er lange Zeit keinerlei sexuelles Interesse zeigte. Im Gegenteil. Sie schloss daraus, dass er es wirklich ernst meinte. Der Mann gefiel ihr. Nein, das war keiner, der herumtönte und sich aufspielte. Der war still und hilfsbereit. Von seinen Straftaten sprach er kaum. Ein Dummer-Jungen-Streich habe ihn ins Gefängnis gebracht, erzählte er. Mit Freunden Autos geknackt und so weiter. Gerda glaubte ihm und fragte nicht mehr. Sie genoss es, sich von Ronny verwöhnen zu lassen. Bei jedem Treffen hatte er ein kleines Geschenk dabei – mal einen Strauß Blumen, mal eine Schachtel Mon Chérie. Schön fand sie auch, dass Ronny sich ihr zuliebe CB-Funk zulegte. Denn das war ihr großes Hobby. So konnte er ihr nachts über CB-Funk sagen, wie sehr er sie liebte.

Die Idee, einen Bund fürs Leben zu schließen, nahm konkrete Formen an. Sehr zum Leidwesen von Ronnys Mutter, die ihren Sohn nicht schon wieder an eine andere Frau verlieren wollte. Schon gar nicht an eine Frau aus kinderreicher Familie – Gerda hatte zehn Geschwister – mit angeblich zweifelhaftem Ruf. Obwohl sie ihren Sohn niemals in den Arm genommen oder ihm zärtlich übers Haar gestreichelt hatte, liebte sie ihn. Auf ihre selbstbezogene, zerstörerische Art.

Auch Gerdas Mutter zeigte sich wenig erbaut von der Beziehung. Ein entlassener Straftäter? Nein, das war nicht der Typ Mann, den sie sich als Schwiegersohn wünschte. Und was da alles über diesen Kerl erzählt wurde... Gerdas Vater, der als Platzwart auf einem Sportplatz in Barßel tätig war, hielt sich zwar eher im Hintergrund, gab aber ebenfalls zu erkennen, dass er das Verhältnis missbilligte. Vermutlich aufgehetzt von seiner Frau, ließ er seinem Groll nur einmal freien Lauf. Zu dem unvermittelten Ausbruch kam es, als er auf seinem Moped an Rieken vorbeifuhr, während der gerade in seinem Auto saß. Wutentbrannt und kommentarlos schlug der spätere Schwiegervater mit seinem Regenschirm aufs Autodach.

Gerdas Geschwister waren geteilter Meinung: Eine Hälfte war für, die andere gegen Ronny.

Trotz gelegentlicher Querschüsse blieben die beiden zusammen. Anfang 1994 lebten sie einige Wochen unter dem Dach von Ronnys Mutter; dann nahmen sie sich eine eigene kleine Wohnung in Elisabethfehn. Hier kamen sich Ronny und Gerda auch sexuell näher. Der erste Geschlechtsverkehr. Zuerst habe er noch Angst gehabt, sich vor der Geliebten auszuziehen, erzählt Rieken. Doch dann habe Gerda den Anfang gemacht, und alles sei ganz leicht und schön gewesen.

Das war das Schönste, was ich bisher erlebt hatte. Dreimal am Tag haben wir in der ersten Zeit miteinander geschlafen. Ich hatte keine Probleme mehr damit, mich vor ihr auszuziehen und mich nackt neben sie zu legen. Das war alles ganz wunderbar.

Im Juli 1994 verloben sich die beiden. Als sie bei einem Stadtbummel an einem Juwelierladen vorbeikommen, fordert Ronny seine Freundin auf, mit ihm in das Geschäft zu gehen und sich einen Verlobungsring auszusuchen. Sie lassen das Datum eingravieren, den 20. 7. 1994.

Schließlich wird Gerda schwanger. Im Januar 1995 bringt sie einen Sohn zur Welt: Jonas. Ronny sei »vor Freude ganz aus dem Häuschen gewesen«, wird Gerda einige Jahre später der Bild-Zeitung anvertrauen. Wenn der Junge nachts geschrien habe, sei der stolze Vater aufgestanden, habe die Windeln gewechselt und Jonas so lange in seinen Armen gewiegt, bis er wieder eingeschlafen sei.

Gegen den Widerstand der Mütter entschließen sich die beiden, am 24. März 1995 zu heiraten. Nur widerwillig finden sich die Mütter auf dem Standesamt ein, Gerdas Vater bleibt der Eheschließung ganz fern. Ein Hochzeitsfoto zeigt Gerda Rieken mit weißer Bluse und heller Hose, Ronny in grauer Blouson-Jacke – auf dem Arm hält er seinen Sohn Jonas. Eine größere Hochzeitsfeier findet nicht statt. Bei Kaffee und Kuchen sind nur noch die Trauzeugen zu Gast.

Im Jahr der Eheschließung starb Wilhelm Hyacinthus Rieken im Alter von 65 Jahren. Nach Jonas' Geburt hatte Ronny gemeinsam mit Gerda vergeblich versucht, seinen Vater ausfindig zu machen.

Auf anderen Feldern war er erfolgreicher. Allen Schwierigkeiten zum Trotz gelang es ihm nach seiner Haftentlassung, schnell wieder Fuß zu fassen. Er machte seinen Führerschein, gründete eine Familie, schuf sich eine eigene kleine Welt. Anstelle der Wohnung, die er mit Gerda in Elisabethfehn bezogen hatte, mietete er sich im selben Ort ein rotes Backsteinhaus mit Buchsbaumhecke und kleinem Garten. Nach kurzer Arbeitslosigkeit mit Gelegenheitsjobs wie Rasenmähen und Pflasterarbeiten konnte er auch schon bald einer geregelten Arbeit nachgehen. Er fand im Nachbarort eine Stelle als Maschinenbauer. Auch als Vater machte er keine schlechte Figur, kümmerte sich um seinen Sohn, wechselte ihm die Windeln, fütterte ihn, kuschelte und tollte mit ihm herum. Ein mustergültiger Familienvater, so schien es.

Doch hinter der Fassade des kleinbürgerlichen Glücks brodelte es. Die Zeit der heißen Liebesnächte war schnell verflogen. Das Ehepaar Rieken lebte sich sexuell auseinander. Mit Jonas' Geburt stand für Gerda ausschließlich das Kind im Vordergrund. Und nachdem sie im September 1995 ein zweites Mal schwanger geworden war, verkehrte sie immer seltener mit ihrem Mann.

Ronny Rieken fühlte sich sexuell unbefriedigt. Immer wieder hielt er daher Ausschau nach Kindern, denen er seinen Willen aufzwingen konnte. Von Anfang an war Gerda nicht in erster Linie seine Geliebte gewesen, sondern mehr eine gute Freundin, die ihm Geborgenheit schenkte. Objekte seiner sexuellen Begierden musste er sich anderswo suchen.

Bereits unmittelbar nach der Entlassung im Herbst 1993 war etwas geschehen, das seine Zukunftspläne zum Einsturz gebracht hätte, wäre es ans Tageslicht gekommen: Der mittlerweile erwachsene Sohn war wieder in die Rolle seines Vaters geschlüpft.

8. Auf Abwegen

Ronny Rieken ist im Haus seines späteren Schwagers Gast eines feuchtfröhlichen Umtrunks. Im Laufe des Abends kommt die Idee auf, die Feier bei einem anderen Mitglied der Gesellschaft fortzusetzen.

Da Ronny noch vergleichsweise nüchtern ist, erklärt er sich bereit, die anderen in seinem Auto mitzunehmen. Er läuft daher schnell nach Hause, um den Autoschlüssel zu holen. »Wir warten so lange«, sagt sein Schwager.

Doch Ronnys Rückkehr verzögert sich. Seine Mutter stellt sich ihm in den Weg, als er mit dem Autoschlüssel wieder aus dem Haus spurten will. Wütend hält sie ihm seinen Leichtsinn vor. Ob er von allen guten Geistern verlassen ist, den gerade erst erworbenen Führerschein gleich wieder aufs Spiel zu setzen, fährt sie ihn an. »Und alles nur wegen dieser Gerda, die macht dich ja ganz verrückt.« Ronny setzt sich über ihre Bedenken hinweg.

Als er ins Haus seines Schwagers zurückkehrt, ist der Rest der Gesellschaft bereits mit einem anderen Auto aufgebrochen. Ronny fasst es nicht, so mir nichts dir nichts versetzt worden zu sein. In der Hoffnung, dass doch jemand zurückgeblieben ist, geht er durch alle Zimmer. Im Schlafzimmer trifft er auf die neunjährige Mareike. Sie schläft. Der Anblick des schlafenden Mädchens elektrisiert ihn. Der Ärger über die unzuverlässigen Zechgenossen verfliegt. Wie von magischer Kraft angezogen, schlüpft er zu Mareike ins Bett. Er weckt das Kind. Als ihn das Mädchen verstört anblickt, sagt er: »Brauchst keine Angst zu haben, wenn du ruhig bist, passiert dir nichts.« Daraufhin fordert er Mareike auf, sich das Nachthemd auszuziehen. Weil sie es nicht freiwillig tut, zieht er es ihr aus. Er entkleidet sich auch selbst.

Da war dann wieder dieses Programm.

Mareike wehrt sich. Rieken droht ihr Schläge an. Er fordert sie auf, sein Geschlechtsteil zu streicheln – zwingt sie, es in den Mund zu nehmen, so wie es einst sein Vater mit ihm gemacht hat.

Das Erregende daran war dieses totale Machtgefühl. Das Gefühl einem anderen meinen Willen aufzwingen zu können. Dieses Gefühl, dass man mit einem anderen Menschen machen kann, was man will, und keiner kann einen davon abhalten.

Dem Missbrauch des Kindes folgt die eindringliche Ermahnung: »Wenn du jemanden auch nur ein Sterbenswörtchen erzählst, dann komm ich wieder. Verstanden?«

Er hat eine »tierische Angst«, dass Mareike dennoch etwas sagen könnte. Aber die Drohung wirkt. Mareike schweigt, wird mit niemanden sprechen. Sie vertraut das grausame Geschehen nur ihrem Tagebuch an.

Erst vier Jahre später entdeckte Mareikes Mutter per Zufall die Eintragung. Die Empörung war groß. Doch es geschah nichts. Ronnys Mutter schaltete sich in die Affäre ein und sorgte dafür, dass die »Sache« unter den Teppich gekehrt wurde. Auch Gerda, inzwischen mit Ronny verheiratet und Mutter zweier Kinder, stellte sich hinter ihren Mann. »Das glaube ich nicht«, versicherte sie allen, die sie auf »die Sache« ansprachen.

Ronny hörte es mit Genugtuung. Auch er selbst fühlte sich unschuldig. Dabei war in der Zwischenzeit schon sehr viel mehr geschehen, das ihn aus seinem trügerischen Gefühl von Sicherheit hätte reißen müssen.

Fast immer waren es zufällige Begegnungen, die das Tier in ihm weckten. Zum Beispiel an diesem sonnigen Sommertag im Jahre 1995, wenige Tage vor seiner Heirat. Er hatte gemeinsam mit Gerda das Haus entrümpelt und war gerade mit dem Sperrmüll in seinem Auto unterwegs zur Müllkippe in Scharrel. Weil es schnell gehen sollte, hatte er die Abkürzung durchs Moor genommen.

Zwei Mädchen auf Fahrrädern tauchen vor ihm auf. Da die Treckerstraße zum Überholen zu schmal ist, hupt er und gibt den Mädchen durch Handzeichen zu verstehen, dass sie ihm Platz machen sollen. Sie kümmern sich nicht darum. Rieken hält an, springt aus dem Auto, greift sich die Fahrräder und droht: »So, jetzt hab ich euch, jetzt könnt ihr was erleben.«

Die Drohung versetzt die Schülerinnen derart in Angst, dass sie die Räder liegen lassen und in das angrenzende Maisfeld flüchten. Damit ist die Angelegenheit für Rieken beendet. Er verfolgt die Mädchen nicht, sondern setzt seine Fahrt fort, als wäre nichts geschehen.

An Vergewaltigung oder so etwas habe ich in dem Moment überhaupt nicht gedacht. Allein schon, weil die beiden zu zweit waren. Außerdem stand ich selbst auch viel zu sehr unter Zeitdruck.

In dieser Zeit arbeitete er noch bei der Maschinenbaufirma im Nachbardorf. Die Arbeit entwickelte sich nicht so, wie er gehofft hatte. Die Auftragslage ließ zu wünschen übrig. Da er zuletzt nur noch unregelmäßig Lohn bekam, blieb er am Ende ganz weg und provozierte auf diese Weise seinen Rauswurf. So war er wieder einmal arbeitslos. Da ihm offiziell ohne eigenes Verschulden gekündigt worden war, bekam er Arbeitslosengeld. Gerda war zum zweiten Mal schwanger. Hilfe im Haushalt hätte sie gut gebrauchen können. Doch obwohl Ronny sich gern mit seinem Sohn beschäftigte, fiel ihm bald die Decke auf den Kopf. Er ließ darum kaum einen Tag verstreichen, an dem er sich nicht um einen neuen Job bemühte.

So war es auch an jenem Januarmorgen des Jahres 1996. Er war bereits in aller Frühe aufgebrochen, um sich um eine befristete Stelle als Betriebsschlosser auf einem Schlachthof bei Cloppenburg zu bewerben. Es war noch dunkel, kurz vor sieben. Nebel hing über den Wiesen. Er hatte gerade die Ortschaft Neuscharrel durchquert. Wie üblich dudelte der Kassettenrekorder. Doch er achtete nicht darauf. Seine Gedanken richteten sich auf ein Mädchen im Anorak, das mit dem Fahrrad auf eine Bushaltestelle zufuhr. Er hatte die Schülerin schon öfter beobachtet, kannte ihren Weg.

Er postiert sich mit seinem Opel auf halber Strecke am Wegesrand und erwartet das Mädchen, dessen Kopf durch eine Kapuze vor der Feuchtigkeit des Januarmorgens geschützt ist.

Er steigt aus und stellt sich Annika in den Weg. »Hallo«, ruft er ihr zu. Bevor die Schülerin antworten oder flüchten kann, hat er schon die Hand auf den Gepäckträger gelegt. Ohne weitere Worte zu verlieren, reißt er Annika vom Rad und zerrt sie zum Auto.

»Wenn du die Klappe hältst, bringe ich dich zum Fahrrad zurück«, raunt er ihr zu.

»Wo bringst du mich denn jetzt hin?«, fragt Annika ängstlich.

»Sei ruhig«, herrscht Rieken sie an. Er hält ihr den Mund zu, zwängt sie in den Kofferraum und schlägt den Deckel zu. Den Ranzen des Mädchens, der zu Boden gefallen ist, wirft er ins Auto und startet. Während der Kassettenrekorder wieder Ronnys Schlager dudelt, fährt er zu seinem Lieblingsplatz am Küstenkanal in der Nähe von Kampe.

Es ist noch dunkel, als er Annika aus dem Kofferraum zerrt, ihr mit der Nylonstrumpfhose die Augen verbindet und sie auf den Rücksitz wirft. Das »Programm« ergreift erneut Besitz von ihm: Trotz der Kälte zwingt er das Mädchen, sich nackt auszuziehen und seinen Penis in die Hand zu nehmen. Er zwingt dem Kind das erigierte Glied in den Mund, stößt es ihm in den Rachen; nicht einmal, mehrmals, immer wieder. Dabei hält er dem Kind den Kopf fest, so dass es keinen Atem bekommt, fürchtet zu ersticken. Als Rieken sich schließlich auf diese grausame Weise befriedigt hat, fasst er dem Mädchen zwischen die Beine. Jetzt erst beginnt das Kind zu weinen.

Dadurch ist das »Programm« irgendwie ins Stocken geraten. Die Tränen haben sie gerettet. Da habe ich gedacht: Das kannst du doch nicht machen. Die Tränen haben den Beschützerinstinkt in mir wachgerufen, mich an meine eigenen Kinder er-

innert. Auf einmal sind mir so viele Gedanken durch den Kopf geschossen, dass ich aus dem Takt gekommen bin. Ich musste auch an früher denken, wie es mir selbst ergangen war. All das ist in meinem Kopf auf einmal durcheinander gewirbelt, und da stand für mich klipp und klar fest, dass ich sofort aufhören muss.

»Zieh dich wieder an«, habe er gesagt und dem schluchzenden Mädchen seine Sachen gegeben. »Ich bring dich zurück. Erst mal musst du aber für einen Moment in den Kofferraum, damit dich keiner sieht. Brauchst keine Angst zu haben.«

Rieken hält, was er versprochen hat. Rund 20 Meter von der Hauptstraße entfernt, setzt er Annika an einem Plattenweg in der Nähe von Neuscharrel ab, ermahnt sie jedoch, bevor er wegfährt, bis dreißig zu zählen und erst dann die Augenbinde zu lösen und zur beleuchteten Straße zu gehen. So will er vermeiden, dass sie sich das Auto merkt. Ihren Lehrern soll Annika sagen, dass sie verschlafen hat. Und wie zuvor seiner Nichte droht er auch Annika: »Wenn du was sagst, dann komm ich wieder. Kapiert?«

Wenngleich ihn das Erlebnis in den nächsten Stunden noch in große Unruhe versetzte und Selbstvorwürfe heraufbeschwor, gelang es ihm, nach außen hin die Fassung zu wahren. Wie geplant, fuhr er zum Schlachthof, stellte sich vor und bekam die Stelle als Betriebsschlosser.

Am nächsten Tag hatte er alle Schuldgefühle schon wieder so weit von sich abgeschüttelt, dass ihn »die Sache« kaum mehr berührte. Fast amüsiert entnahm er in den nächsten Tagen der Lokalzeitung, dass Annika sich angeblich nur an ein dunkles Auto erinnern konnte. »Von dem Täter fehlt immer noch jede Spur«, vermeldete die Zeitung in immer größeren Abständen. Anfangs witterte Rieken noch eine Finte hinter den Polizeiverlautbarungen. Doch schon bald fühlte er sich so sicher, dass er kaum mehr an den Vorfall dachte. Nur wenn er manchmal nachts wach im Bett lag, bestürmten ihn die Bilder jenes Januarmorgens, und er fragte sich, wie »es« wieder hatte passieren können.

Kurze Zeit später beherrschte ein freudiges Familienereignis seine Gedanken: Anfang Mai war er zum zweiten Mal Vater geworden. Gerda hatte ein Mädchen zur Welt gebracht, das auf den Namen Maren getauft wurde. Er war stolz auf seine Tochter, wiegte sie in seinen Armen, sorgte dafür, dass Jonas nicht zu kurz kam. Im Garten hinter dem Haus baute er einen Sandkasten und eine Schaukel. Die Schaukel war so groß, dass auch er sich hineinsetzen und mit Jonas auf dem Schoß schaukeln konnte. Getrübt wurde das Familienglück dadurch, dass Gerda nun noch weniger Zeit für ihn hatte.

Hinzu kam, dass sein Schlachthof-Job befristet war, so dass er nach drei Monaten wieder auf der Straße stand. Schon bald aber nahm ihn eine Zeitarbeitsfirma in ihre Kartei auf, und er ließ sich an eine Raffinerie in Wilhelmshaven vermitteln.

Probleme, die er in dieser Zeit mit Arbeit und Familie hatte, konnte er seit Mitte 1995 wieder mit jener Frau besprechen, der er einst so großes Leid zugefügt hatte – seiner Lieblingsschwester. Manuela lud ihn ein, zu ihr nach Oldenburg zu kommen. Zuvor hatte Margot Rieken seit der Entlassung ihres Sohnes alles getan, um eine Begegnung der Geschwister zu unterbinden. Ronny war stets fortgeschickt worden, wenn Manuela nach Elisabethfehn zu Besuch gekommen war.

Auch Manuela war ihrem Bruder zunächst aus dem Weg gegangen. So schnell ließ sich die brutale Vergewaltigung nicht abschütteln. Die Enttäuschung, das Entsetzen wirkten nach. Wie sollte sie Ronny jetzt noch vertrauen? Doch dann kam die Nachricht vom Tod ihres Vaters. Mit einer Freundin fuhr sie zu dessen letztem Wohnort, sah sich das Haus an, in dem er gelebt hatte, suchte das Grab auf dem Friedhof auf. Wirkliche Trauer empfand sie nicht. Eher Hassgefühle. Gerne hätte sie ihrem Vater noch mal gesagt, dass er ein Schwein war. Denn sie zweifelte nicht daran, dass bei der Vergewaltigung damals sein Einfluss noch einmal wirksam geworden war. Wie eine böse Zaubermacht. Wahrscheinlich, so mutmaßte sie, lag hier der Schlüssel für das schreckliche Ereignis, das sie immer noch nicht verkraftet hatte. Manuela wünschte sich, wieder mit ihrem Bruder in Kontakt zu treten, um mit ihren Grübeleien nicht so allein zu sein.

Schließlich war auch Margot Rieken mit einem Treffen einverstanden. Gemeinsam mit ihrer Schwiegertochter begleitete sie ihren Sohn sogar nach Oldenburg, wollte möglichst dabei sein. Doch die Geschwister zogen es vor, unter sich zu bleiben. Sie überredeten die beiden Frauen, die Zeit zum Einkaufen zu nutzen.

Die Vergewaltigung wurde nicht ausgeklammert. Gleich bei dem ersten Treffen fragte Manuela ihren Bruder nach seinen damaligen Empfindungen, erzählte ihm, wie er plötzlich ein ganz anderer geworden sei. Mit weit aufgerissenen Augen habe er sie angestarrt, als sei in seinem Kopf ein Schalter umgedreht worden. Immer wieder habe sie darüber nachgegrübelt, wie ein Mensch sich derart verändern könne, vertraute sie ihm an. Aber auch Ronny konnte ihr keine befriedigende Antwort geben.

Ich verstehe das ja bis heute nicht.

Die Gespräche bezogen sich nicht nur auf die Vergangenheit. Sie umkreisten auch die Gegenwart. Vor allem den ewigen Streit mit seiner Mutter und Schwiegermutter erörterte Ronny mit seiner Schwester. Weil die Geschwister sich so viel zu sagen hatten, trafen sie sich anfangs drei bis viermal in der Woche, diskutierten bis spät in der Nacht miteinander. Ohne die neuen Entgleisungen zu erwähnen, gewährte Ronny seiner Schwester auch Einblick in seine seelischen Krisen, sprach mit Manuela über seine Zerrissenheit, das Hin- und Herschwanken zwischen seiner Mutter und Gerda, sprach aber auch über die quälenden Selbstzweifel und die Angst – seine dumpfe Angst vor den eigenen Abgründen.

Manuela empfahl ihm, einen Psychotherapeuten aufzusuchen, wie sie es auch selbst nach der Vergewaltigung getan hatte. Ihr Bruder lächelte über den Vorschlag, bekundete aber gleichzeitig Interesse. Halbherzig rief er schließlich sogar in der Praxis eines Psychotherapeuten an, gab jedoch gleich auf, als er nicht sofort einen Termin bekam. Auch seine Mutter, sagt er später, habe ihm energisch davon abgeraten, sich in die Hände eines »Seelendoktors« zu begeben. »Wenn hier einer einen Therapeuten braucht, dann bin ich das und nicht du«, habe sie ihm gesagt.

Zwei, drei Wochen später packte es ihn erneut. Wieder beobachtete er ein Mädchen auf einem Fahrrad, das seine Begierden entflammte. Doch er kam nicht dazu, seine Fantasien in die Tat umzusetzen. Das Mädchen verschwand in einem Hauseingang, bevor er sich ihm nähern konnte.

Kurze Zeit später kam es zu einer Begegnung, die einen anderen Verlauf nahm. Es war der Tag, an dem Ulrike Everts sterben musste.

9. »Es war das perfekte Leben«

»Vermisst«: Überall hingen die Suchplakate aus – vor Sparkassen, Tankstellen, Rathäusern. Zeitungen, Fernsehen und Radio berichteten über das Mädchens mit der Ponykutsche und ihre verzweifelten Eltern. Das mysteriöse Verschwinden von Ulrike Everts beherrschte die Gespräche der Menschen im Umkreis des Küstenkanals tagelang. Auch beim Kaufmann in Elisabethfehn, 20 Kilometer von Jeddeloh II entfernt, hing ein Bild mit dem blonden Mädchen im Konfirmationskleid.

Wie alle im Dorf nahm auch Gerda Rieken Anteil an dem Fall. Immer wieder versicherte sie ihrem Mann, wie leid ihr die Eltern des Mädchens taten. Ronny wollte nichts davon wissen.

»Wird wohl abgehauen sein«, entgegnete er. »Das kommt öfter vor. Die armen Eltern – da darf man gar nicht dran denken.« Damit war das Thema abgehakt.

Sein Auto machte ihm mehr Sorgen. Es lief neuerdings schnell heiß. Und wenn er auf der Autobahn Vollgas gab, begann es zu stottern. Er brachte es in die Werkstatt und ließ bei der Gelegenheit gleich eine Anhängerkupplung anbauen. Weil der TÜV die Anhängerkupplung abnehmen musste, dauerte es einige Tage. So hatte er seinem Chef gegenüber einen plausiblen Grund, warum er nicht mehr den weiten Weg zur Ölraffinerie nach Wilhelmshaven fahren konnte. Dass er notfalls auch das Auto seiner Frau hätte nehmen können, behielt er für sich. Die Zeitarbeitsfirma zeigte Verständnis, entschuldigte ihn bei der Ölraffinerie und vermittelte ihm einen neuen Job auf einer Baustelle im nahe gelegenen Rastede. Hier baute er bei einer Firma für Textilmoden Regale ein. Drei Wochen später vermittelte ihn die Agentur an eine Tierfutterfabrik nach Verden: Katzenfutter verpacken. Die Arbeit war ihm so peinlich, dass er nur ungern darüber sprach. Außerdem musste er jetzt auch wieder anderthalb Stunden fahren, um seinen Arbeitsplatz zu erreichen. Da war er froh, als er schon nach zwei Wochen wieder einen neuen Job zugewiesen bekam: Palettenbau beim VW-Werk in Emden. Die Arbeit machte ihm Spaß. Hier wäre er gern länger geblieben. Leider beendete ein Arbeitsunfall seinen Einsatz nach vier Wochen. Er war von einer Palette abgerutscht und hatte sich den Mittelfuß gebrochen. Der Arzt schrieb ihn sechs Wochen krank. Zu lang – jedenfalls aus Sicht der Zeitarbeitsfirma. Sein Chef hielt ihm vor, den Unfall mutwillig oder zumindest fahrlässig herbeigeführt zu haben und schickte ihm die Kündigung.

Er war empört und nahm sich einen Rechtsanwalt. Mit Erfolg. Die Kündigung wurde zwar nicht zurückgezogen, doch Riekens Anwalt Rolf Sauerwein erreichte immerhin, dass die Agentur seinem Mandanten für acht Wochen Lohn zahlen musste und in seine Personalakte nichts Nachteiliges eintragen durfte.

Den bezahlten »Sonderurlaub« kostete er aus. Da Gerda wieder als Küchenhilfe im Altenheim arbeitete, kam es ihm sehr gelegen, dass er nun mehr Zeit für Kinder und Haushalt hatte. Er wechselte seinen Kindern die Windeln, kochte Brei, mähte Rasen. Eigentlich hätte er zufrieden sein können. Doch besonders glücklich stimmte ihn sein Dasein als Hausmann schon bald nicht mehr. Er fühlte sich unausgelastet, litt unter dem Makel der Arbeitslosigkeit. Nachts fand er nur zwei, drei Stunden Schlaf. Dann stand er auf, las Comics oder hockte vor dem Fernsehapparat. Viele Stunden verbrachte er auch damit, den Polizeifunk abzuhören. »Ich will mal hören, was so passiert«, erklärte er seiner Frau.

Je mehr Zeit er zu Hause verbrachte, desto stärker war er auch dem Terror der Mütter ausgesetzt.

Mein Mutter hat alles getan, um mich gegen Gerda aufzuhetzen, und meine Schwiegermutter hat Gerda gegen mich aufgebracht. Das alte Spiel.

So war er froh, als er im Spätherbst 1996 wieder einen Job fand. Eine kleine Fassadenbaufirma in Garrel stellte ihn ein. Er war zwar nicht schwindelfrei, aber fest entschlossen, die Chance zu nutzen. Tapfer kletterte er aufs Gerüst, verrichtete in zwanzig bis dreißig Metern Höhe seine Arbeit als Bauschlosser, stieg auf zum Vorarbeiter. Kurz: Es gelang ihm, seinen Mann zu stehen – zumindest nach außen hin.

Es war das perfekte Leben.

Nach einem Jahr jedoch geriet sein Chef in Zahlungsschwierigkeiten. Und dann waren die Bremsbeläge seines Autos abgewetzt, und die Haushaltskasse war leer. Und als er von seinem Chef den schon drei Monate ausstehenden Lohn verlangte und der ihn abermals vertrösten wollte, zog er es vor zu kündigen.

So war er im November 1997 erneut arbeitslos – zumindest auf dem Papier. In Wirklichkeit war er für seinen alten Chef noch einige Monate weiterhin tätig, wenn der ihn brauchte. Als Schwarzarbeiter. Nunmehr erhielt er natürlich den Lohn bar auf die Hand. Ein schöner Zusatzverdienst zum Arbeitslosengeld. Seine Frau war schließlich wieder schwanger, erwartete ihr drittes Kind.

Die Schwangerschaft hatte auch zur Folge, dass sich sexuell noch weniger in der Ehe abspielte. Ronny schlief meistens getrennt von seiner Frau in dem Bett in seiner Dachstube und ging auch ansonsten seine eigenen Wege. Und die führten ihn erneut auf Abwege. Als er an einem trüben Dezembertag auf der Heimfahrt von der Arbeit durch das Dorf Harkebrügge kam, flammte wieder die alte Begierde in ihm auf. Er beobachtete ein Mädchen, das mit dem Fahrrad in einen einsamen Seitenweg abbog. Er witterte eine günstige Gelegenheit, verfolgte das Kind mit dem Auto. Doch gerade in dem Moment, als er schon daran dachte auszusteigen, bemerkte er mehrere Menschen in der Nähe. Das Risiko war ihm zu groß. Er beschloss, seine Fahrt fortzusetzen.

Der anderthalb Jahre zurückliegende Mord dagegen beunruhigte ihn kaum mehr. Diese Tat hatte er innerlich abgeschrieben, erfolgreich verdrängt. Nicht einmal der Prozess gegen den Kindermörder Rolf Diesterweg, der gerade vor dem Oldenburger

Landgericht stattfand und Gesprächsthema war, brachte ihn aus der Ruhe. Sicher, tief in seinem Innern schwelte noch etwas. Aber das war so weit von seinem Tagesbewusstsein entfernt, dass es ihn nicht daran hinderte, sich unschuldig zu fühlen.

Er fühlte sich so sicher, dass er sogar in die Offensive ging, als er Ende 1997 wegen vergleichsweise läppischer Vorhaltungen seiner 15 Jahre alten Schwägerin Michaela ins Gerede gekommen war. Er hatte der Hauptschülerin Nachhilfeunterricht gegeben. Dabei waren die beiden sich nahe gekommen. Michaela hatte ihm Liebesbriefe geschrieben und schließlich beschuldigt. »Ronny hat versucht, mich zu vergewaltigen«, hatte sie ihrer Mutter gesagt. »Der hat mich auf der Toilette eingesperrt. Nur mit Not habe ich es noch geschafft, aus dem Toilettenfenster zu springen.«

Alles Quatsch. Die war total in mich verschossen. Wie ein verliebtes Huhn hat die sich aufgeführt. Die war hinter mir her wie der Teufel hinter der Seele. Als Gerda dann mit unserer Maren im Krankenhaus gewesen ist, hat sie angeboten, auf Jonas aufzupassen. Dabei ist es dann passiert. Wir haben so n bisschen miteinander rumgemacht und sind irgendwann im Schlafzimmer gelandet. Obwohl ich eigentlich überhaupt nicht wollte, fand ich es dann auch ganz interessant. Wir haben uns also ausgezogen und ins Bett gelegt. Aber zwei Minuten vorm Geschlechtsverkehr ist auf einmal Jonas reingeplatzt. Sein Nuckel war abgebrochen oder so. Und damit war's dann auch vorbei. Ende. Was Michaela später daraus gemacht hat, ist einfach nicht wahr. Sie hat sich dann ihre Liebesbriefe wieder abgeholt, damit man ihr nichts mehr nachweisen konnte. Aber zum Glück hat sie zwei Briefe vergessen, die bei mir im Auto lagen. Damit konnte ich ja dann beweisen, dass es von ihr ausgegangen war. Aber meine Schwiegermutter hat keine Ruhe gegeben. Die hat einen Riesenstunk veranstaltet. Die wollte einfach nicht einsehen, dass es von ihrer Tochter ausgegangen war.

Um sich gegen die Verleumdung zu wehren, beriet sich Ronny Rieken mit dem Anwalt Rolf Sauerwein, seinem späteren

Strafverteidiger. Schon die Drohung mit einer Anzeige wegen übler Nachrede schüchterte die Gegenpartei ein: Michaela zog ihre Beschuldigungen zurück.

Als im Januar strenger Frost einsetzte, ruhte die Arbeit auf dem Bau. So war es mit der Schwarzarbeit vorerst vorbei. Und als es wieder wärmer wurde, war auf den Baustellen mit Kontrollen des Arbeitsamtes zu rechnen. Ein Schwager hatte Ronny gewarnt. Der widmete sich darum lieber wieder der Hausarbeit.

Mittlerweile hatte Gerda auch ihr drittes Kind zur Welt gebracht – Markus. Die Hilfe ihres Mannes kam ihr daher sehr gelegen.

Und der mühte sich, das Beste daraus zu machen. Während seine Frau den kleinen Markus stillte oder im Altenheim aushalf, probierte er asiatische Rezepte, kochte mexikanische Feuersuppe, bastelte an seiner elektrischen Eisenbahn und gab Maren Milchbrei. Doch bei allem Einsatz für die Familie beschlich ihn erneut das lähmende Gefühl, auf verlorenem Posten zu stehen, keine Arbeit zu haben, auf die ein Mann stolz sein kann. Er wälzte sich nachts stundenlang im Bett, grübelte über seine Probleme nach – über seine berufliche Zukunft, sein Verhältnis zu seiner Mutter, über seine Beziehung zu seiner Schwester Manuela und zu seiner Frau. Den Mord dagegen hatte er in seinem Innern begraben. Dass ihm von zahllosen Suchplakaten sein Opfer entgegenblickte – als Lenkerin einer Ponykutsche oder als Konfirmandin – , das ließ ihn kalt.

10. Christina

Montag, der 16. März 1998, war ein trüber, nasskalter Tag. Von dem nahen Frühling war noch nicht viel zu spüren. Selbst der Gesang der Vögel klang gedämpft.

Auch Ronny Rieken war nicht in Frühlingsstimmung. Er war am Nachmittag mit seiner Mutter zum Krankenhaus nach Westerstede gefahren. Sein Stiefvater sollte am nächsten Tag am Magen operiert werden. Der Narkosearzt hatte ihn kurz vor dem Besuch über die Risiken aufgeklärt. Die Vorstellung, was alles passieren konnte, hatte den alten Mann in Panik versetzt.

»Das überlebe ich nicht«, klagte er.

»Stell dich nicht so an, du bist doch kein Kind mehr«, herrschte ihn daraufhin seine Frau an.

Ronny konnte es nicht ertragen, wie unsensibel sich seine Mutter über die Ängste seines Stiefvaters hinwegsetzte. »Lass ihn doch wenigstens erst mal ausreden«, fuhr er sie im Krankenzimmer an. »Ich verstehe wirklich nicht, wie du seine Sorgen so leicht vom Tisch wischen kannst. Drei von zehn Leute überleben solche Operationen schließlich wirklich nicht.«

»Hör bloß auf mit dem Gerede«, fauchte ihn da seine Mutter an. »Du machst ihn ja nur noch verrückter damit.«

Hatte sie ihren Ärger im Krankenhaus noch halbwegs im Zaum gehalten, so entlud sich die angestaute Wut während der Rückfahrt in ungezügelter Heftigkeit.

»Wie kannst du es wagen, Widerworte gegen deine Mutter zu erheben, noch dazu, wenn andere Leute dabei sind! Was hast du dich da überhaupt einzumischen?«, zeterte sie im Auto. »Kümmer dich lieber um deine eigenen Angelegenheiten.«

Und schon war der Streit in vollem Gange. Wie so oft bekam Ronny Rieken von seiner Mutter zu hören, was er für ein undankbarer Sohn sei und an was für eine schlechte Frau er geraten war. »Seitdem du mit der zusammen bist, kann man überhaupt nicht mehr mit dir reden«, polterte Margot Rieken. »Dabei merkst du gar nicht, wie die dich ausnutzt. Nicht das Schwarze unterm Fingernagel ist die wert.«

Empört wies er die Beschuldigungen zurück, konnte sich aber nicht ganz davon freimachen. Mochte er sich noch so sehr dagegen sträuben: Seine Mutter hatte es wieder einmal geschafft, einen Keil zwischen ihn und Gerda zu treiben. Und als er schließlich zurückkehrte, fühlte er sich in seinem eingepflanzten Argwohn bestätigt: Das Haus war dunkel und leer. Hatte Gerda ihn etwa mit den Kindern verlassen? Hatte seine Mutter also doch recht gehabt? Es war ihm, als drohe seine kleine Welt zusammenzustürzen. Eigentlich hätte er wissen müssen, dass Gerda bei ihrer Schwester mit den Kindern zu einem Kindergeburtstag eingeladen war. Zu diesem Zweck hatte sie schließlich die Kindersitze aus seinem Opel genommen. Doch er hatte es schlicht vergessen.

So beschloss er, mit seiner Mutter zu sprechen. Sicher würde er bei ihr ein offenes Ohr für seine Enttäuschung über Gerda finden. Ganz bestimmt. Er setzte sich gleich wieder ins Auto, um sein Vorhaben in die Tat umzusetzen. Doch auch das Haus seiner Mutter war leer. Kein Wunder: Sie war ja wie üblich um diese Zeit beim Dorfkaufmann putzen.

Er fühlte sich von aller Welt verlassen, beschloss, ein bisschen durch die Gegend zu juckeln – vielleicht hier und da einen Blick auf den Hof eines Gebrauchtwagenhändlers zu werfen. Bereits seit längerer Zeit hatte er vor, sich ein neues Auto zuzulegen. Doch schon bald trieb ihn etwas ganz anderes um.

Gegen 18 Uhr sieht er im Nachbardorf Ramsloh ein Mädchen im Anorak, das mit dem Fahrrad unterwegs ist. Er nimmt Witterung auf, fährt in größerem Abstand mit dem Auto hinterher. Und spätestens als das Mädchen in eine Nebenstraße einbiegt, läuft das bekannte »das Programm« wieder an. Er verfolgt das Mädchen, überholt, hält an, öffnet den Kofferraum, wartet.

Da war es so weit, dass ich die haben wollte.

Es dämmert zwar bereits, ist aber längst noch nicht dunkel. Und die nächsten Häuser sind keine 100 Meter entfernt. Egal. Er stellt sich dem Mädchen in den Weg und reißt es vom Rad. Das Mädchen ist so schockiert, dass es kaum einen Ton herausbringt. Es strampelt, als der fremde Mann es zum Kofferraum schleift, stemmt sich mit Händen und Füßen dagegen. Er pfercht das Kind mit Gewalt in sein Auto – mit dem Kopf zuerst. Bei dem Kampf hat das Mädchen seinen Rucksack verloren. Rieken hebt ihn auf, wirft ihn auf die Hinterbank und rast los. Das Fahrrad lässt er liegen.

Und wieder steuert er seinen Lieblingsplatz in der Nähe des Küstenkanals bei Kampe an. Er weiß nicht, dass das Kind in seinem Kofferraum Christina heißt, elf Jahre alt ist, von seinen Eltern Nelly genannt wird. Es ist wie bei den Mädchen zuvor: Es interessiert ihn nicht. Christina ist für ihn nicht mehr als eine Beute, und er malt sich schon während der Autofahrt aus, wie er die Macht über sein hilfloses Opfer auskosten wird.

Bevor er Christina aus dem Kofferraum holt, zieht er sich einen Nylonstrumpf übers Gesicht. Mit der anderen Strumpfhälfte verbindet er dem Kind die Augen. Christina weint, fragt ihn wimmernd, was er von ihr will.

»Sei still«, herrscht er sie an. »Wenn du machst, was ich dir sage, passiert dir nichts.«

»Ich will ja alles machen, was du willst, wenn du versprichst, dass du mich wieder gehen lässt. Bitte.«

»Versprochen.«

Er zieht seine Strumpfmaske ab und fordert Christina auf, sich auszuziehen. Als sie sich weigert, versetzt er ihr einen Schlag gegen den Hinterkopf. Daraufhin breitet er seine rote Wolldecke auf dem Boden aus und verlangt von Christina, ihm »einen zu blasen«. Sie versteht nicht, was er damit meint. So greift er ihr in ihr blondes Haar, hält ihren Kopf fest und führt sein erigiertes Glied mit Gewalt in ihren Mund. Er wirft sie zu Boden und vergewaltigt sie.

Als er hört, dass sich aus größerer Entfernung ein Auto nähert, lässt er ab von dem Kind und fordert es auf, sich wieder anzuziehen. Christina, deren Augen immer noch verbunden sind, gehorcht. Weinend, panisch vor Angst lässt sie sich von dem fremden Mann wieder in den Kofferraum sperren.

Ronny Rieken setzt seine Fahrt in Richtung Westen fort. Wie üblich läuft der Kassettenrecorder und dudelt Schlager von Ronny. In der Nähe der emsländischen Gemeinde Lorup biegt er in einen Feldweg ein. Am Waldrand hält er an, stellt das Licht aus und holt das Mädchen aus dem Kofferraum. Dabei geht das Licht im Kofferraum an. Da Christina sich inzwischen die Augenbinde abgenommen hat, blickt sie in das Gesicht ihres Entführers.

Sie wehrt sich erneut heftig, schreit ihn an: »Du Schwein, ich zeig dich an. Ich bring dich in den Knast.« Doch sie kann nicht verhindern, dass der Mann sie aus dem Kofferraum zerrt, Hose und Schlüpfer herunterzieht, sie auf die Motorhaube setzt und erneut vergewaltigt. Als Rieken sich schließlich auf diese brutale Weise befriedigt hat, fordert er sie auf, sich wieder anzuziehen. »Jetzt steig wieder in den Kofferraum«, sagt er dem Mädchen. »Ich bring dich zurück.«

Doch er bringt Christina nicht zurück.

Sie hat sich gewehrt, als ich versucht habe, sie wieder in den Kofferraum zu packen. Da habe ich die Nerven verloren und das Kabel von der Funkantenne genommen, um ihren Hals gelegt und zugezogen.

Als nach zwei bis drei Minuten keine Regungen mehr von dem Kind ausgehen, schleift Ronny Rieken den erschlafften Körper einige Meter in den Wald. Er legt den Leichnam jedoch nicht nur einfach ab, sondern sticht immer wieder mit seinem Springmesser auf ihn ein. Insgesamt 17 Schnitte fügt er dem toten Kind zu, trifft dabei den Hals, den Brustkorb und das Herz.

Ich hatte irgendwie Angst, dass sie wieder aufstehen würde »Das hast du jetzt davon«, habe ich ihr dabei in einem fort wü-

tend zugeflüstert. »Warum bist du nicht ruhig gewesen. Das hast du jetzt davon.«

Nachdem er die Rückfahrt angetreten hat, schmeißt er das blutige Messer aus dem Autofenster. Den Rucksack wirft er in den Küstenkanal. Während im Autoradio wieder eine Kassette mit Seemannsliedern von Ronny läuft, zündet er sich eine Zigarette an.

Als er schließlich gegen 22 Uhr nach Hause kommt, ist er so unruhig, dass auch seiner Frau auffällt, dass etwas vorgefallen sein muss. Sie spürt, dass er mit seinen Gedanken ganz woanders ist. Dieser flackernde Blick, dieses hektische Hin- und Her-Gerenne – nein, das ist nicht der Ronny, den sie kennt. »Was ist denn los?«, fragt sie ihn. »Was soll schon sein?«, entgegnet er gereizt.

Doch sie hat schnell eine Erklärung parat. Ronny ist ja, wie er sagt, den ganzen Tag mit seiner Mutter unterwegs gewesen. Und sie weiß, wie ihm die Begegnungen mit seiner Mutter zusetzen.

»Lass die sich man nächstes Mal einen andern suchen, der sie zum Krankenhaus kutschiert«, sagt sie. »Die macht dich ja ganz fertig. Irgendwann passiert noch mal was, und dann stehe ich allein da mit den Kindern.«

Er presst die Lippen zusammen, erhebt keinen Widerspruch gegen diese einleuchtende Erklärung. Im Grunde hat Gerda ja auch recht – vollkommen recht hat sie, natürlich. Dennoch will er an diesem Abend allein sein. So legt er sich in die Badewanne und verschwindet danach in seinem Dachstübchen. Er dreht die Stereoanlage auf und raucht gierig eine Zigarette. Doch er spürt, dass ihm zum Rauchen die innere Ruhe fehlt. Er muss etwas tun. Er bastelt an seiner elektrischen Eisenbahn herum, pflanzt Bäume, gruppiert Häuschen um, stellt Weichen neu. Rastlos wendet er sich seinen anderen Hobbys zu. Er spielt mit seinem ferngesteuerten Auto, putzt seine Feuerzeuge, sortiert seine Kugelschreiber-Sammlung. Doch die Bilder wollen ihn diesmal nicht loslassen. Erst als er drei, vier Gläser Weinbrand getrunken hat, gelingt es ihm allmählich, sich aus den Krallen der inneren Plagegeister zu befreien.

11. Über Nacht zum Soko-Chef

Peter Hochgartz war gerade mit seiner Frau beim Abendessen, als gegen 19. 30 Uhr der Anruf aus der Zentrale in Cloppenburg kam. Was ihm die Kollegen vom Bereitschaftsdienst der Kriminalpolizei mitteilten, hörte sich nicht gut an. Eine elf Jahre alte Schülerin aus Strücklingen bei Barßel wurde vermisst. Das Mädchen mit dem Namen Christina Nytsch war gemeinsam mit einer Freundin am Nachmittag mit dem Rad zum Hallenbad ins zwei Kilometer entfernte Ramsloh gefahren. Spätestens um 19 Uhr hatte sie wieder zu Hause sein wollen. Zehn Minuten nach der verabredeten Zeit hatte ihre Mutter bei ihrer Freundin angerufen und erfahren, dass Christina, genannt Nelly, schon um 18 Uhr vom Hallenbad gestartet war – und zwar allein. Überraschenderweise war nämlich noch die Mutter der Freundin ins Hallenbad gekommen, um ein wenig mit ihrer Tochter zu schwimmen. Weil Christina pünktlich zu Hause sein wollte, hatte sie sich entschlossen, schon mal allein loszuradeln.

Christinas Vater, der Musiker und Schulbusfahrer Manfred Nytsch, war sofort aufgebrochen, um die Strecke zwischen Hallenbad und Strücklingen mit dem Auto abzufahren. Und etwa auf halber Höhe hatte er das grün- und pinkfarbene Mountainbike seiner Tochter entdeckt. Es lehnte an einem Baum.

Nelly war kein Mädchen, das einfach irgendwo ihr Fahrrad stehen ließ und sich aus dem Staub machte. Sie war für ihre Zuverlässigkeit bekannt. Ihre Eltern waren daher in großer Sorge: Es musste etwas geschehen sein. Seit dem rätselhaften Verschwinden von Ulrike Everts waren die Menschen in der Umgebung des Küstenkanals ja ohnehin beunruhigt, ob sich ähnliches noch einmal ereignen könnte.

Hauptkommissar Peter Hochgartz, selbst Vater von zwei Kindern, veranlasste sofort eine erste Suchaktion: 250 Bereitschaftspolizisten wurden herbeordert. Auch die Feuerwehr wurde eingeschaltet. Gleichzeitig rückte ein Team zur Spurensicherung aus. Per Telefonkette wurden alle Freundinnen Christinas aufgefordert, sich bei der Polizei zu melden. Die entscheidende Frage: Wer hat Christina zuletzt gesehen?

Während er über Handy weiterhin Kontakt mit den Kollegen hielt, steuerte Hochgartz den Auffindungsort des Fahrrads an. Danach suchte der Kriminalbeamte die Eltern Christinas auf. Er versprach ihnen, sie aktiv in die Ermittlungen einzubeziehen.

Mit den Suchmannschaften trafen unterdessen auch schon die ersten Fernsehteams ein. Man hatte sich entschlossen, sofort auch die Presse zu informieren – sehr viel mehr zu tun als bei einer üblichen Vermisstenmeldung. Die Polizei ging von einem Kapitaldelikt aus. Ähnliches wie im Fall der seit fast zwei Jahren vermissten Ulrike Everts sollte sich keinesfalls wiederholen.

Als um Mitternacht immer noch kein Lebenszeichen von der Vermissten eingegangen war, verdichtete sich bei Peter Hochgartz das Gefühl, dass es sich nicht mehr um einen Routinefall handelte. Und als der 44 Jahre alte Hauptkommissar gegen zwei Uhr in der Nacht erneut die Eltern von Christina aufsuchte, war auch für die klar, dass »etwas Schlimmes« passiert sein musste.

Aus den umliegenden Landkreisen und Städten wurden weitere Polizeibeamte angefordert. Noch am frühen Morgen fand unter Leitung von Hochgartz eine erste Krisensitzung statt. Das »Klinkenputzen« musste eingeleitet werden. Verwandte, Nachbarn, Freunde, Anwohner waren zu befragen. Für den nächsten Tag war eine großräumige Suchaktion vorzubereiten; Bundeswehrsoldaten, Rettungsdienste mit Hundestaffeln, Hubschrauber mit Wärmebildkameras, Taucher sollten daran beteiligt werden. Fahndungsplakate mussten erstellt und verteilt werden, Polizeibeamte bereitstehen, um die ersten Hinweise aus der Bevölkerung aufzunehmen.

So lief am nächsten Tag, einem Dienstag, im Umkreis von Ramsloh eine der größten Suchaktionen an, die es bisher in

Deutschland nach einer mutmaßlichen Entführung gegeben hatte. In zehn Tagen wurde ein Gebiet von 1500 Quadratkilometern erfasst. Bereits nach zwei Tagen entdeckte eine Patrouille der Wasserschutzpolizei im Zuge dieser Suche Christinas Rucksack unterhalb einer Brücke im Küstenkanal. Ein weiterer Hinweis, der auf ein Verbrechen hindeutete.

Christinas Eltern wurden aktiv in die Suchaktionen eingebunden. Um nicht untätig zu Hause herumzusitzen, reihten sie sich in die Ketten der Suchmannschaften ein, die die Wälder, Wiesen und Moore durchkämmten. Zwei Betreuer standen ihnen Tag für Tag zur Seite. Ein psychologisch geschulter Drogenberater der Polizei und eine junge Polizistin begleiteten die Eltern durch ihren Alltag. Sie schirmten sie auch vor der Presse ab. Denn der Entführungsfall hatte immer mehr Fernsehteams, Reporter und Fotografen angelockt. Manfred und Sylvia Nytsch verschanzten sich jedoch nicht vor dem Presserummel. Sie nutzten auch die Möglichkeiten, die sich ihnen damit boten. In einem dramatischen Fernsehappell appellierte Christinas Vater an den Entführer seiner Tochter: »Lass unser Kind frei, du zerstörst unser Leben.«

Peter Hochgartz fiel die Aufgabe zu, die vielfältigen Aktivitäten der Sonderkommission zu koordinieren, die sich nach dem Rufnamen des vermissten Mädchens »Soko Nelly« genannt hatte. Bis zu 100 Polizeibeamte wurden dafür zusammengezogen. Bei der Suchaktion machte sich die Sonderkommission auch die Ortskenntnis der Jäger zunutze. Über die Kreisjägerschaft wurden alle Jagdpächter der Region aufgefordert, sich in ihren Revieren umzusehen. Am Sonnabend den 21. März um 14. 38 Uhr entdeckten zwei Jäger in der Nähe der Gemeinde Lorup hinter einem Holzstapel am Waldrand den Leichnam des vermissten Mädchens. »Wir haben sie gefunden«, lautete die Nachricht, die sie per Handy an die Polizei übermittelten.

Noch in der Nacht zum Sonntag wurde der Leichnam im Institut für Rechtsmedizin in Oldenburg obduziert. »Die Leiche weist Messerstiche auf, die dem Opfer vom Täter zugefügt wurden«, teilte am nächsten Tag die Polizei der Presse mit. Fest stand nach der Obduktion ebenso, dass Christina sexuell missbraucht worden war, bevor ihr Peiniger sie erdrosselt hatte.

Zwei Kilometer vom Fundort der Leiche fand die Polizei am Sonntag im Straßengraben ein Springmesser mit Blutanhaftungen des Opfers. Das Landeskriminalamt in Hannover unterzog das Messer daraufhin sofort einer eingehenden Analyse. Besonders interessant für die Kriminalisten waren zudem die an der Kinderleiche festgestellten Spermaspuren. Erst wenige Jahre zuvor hatte ein britischer Wissenschaftler einen Stoff entdeckt, der das Erbgut ausmacht und sich in einmaliger und unverwechselbarer Zusammensetzung in jeder Zelle eines Menschen findet: die Desoxyribonukleinsäure, englisch abgekürzt DNA. Da ein DNA-Bestandteil bei jedem Menschen anders ist und somit eine hundertprozentige Identifizierung erlaubt, war die DNA-Analyse allmählich zu einem wertvollen Instrument der Polizeiarbeit geworden.

Das Verfahren bewährte sich auch im Fall der ermordeten Christina Nytsch. Schon nach zwei Tagen konnten die Experten im Landeskriminalamt mit einem spektakulären Ergebnis aufwarten: Die gefundene DNA-Struktur war identisch mit der DNA-Spur, die nach der Vergewaltigung der neunjährigen Silke aus Neuscharrel im Januar 1996 festgestellt worden war. Damit war die Polizei dem Täter ein großes Stück näher gekommen. Silke beschrieb den Mann, der sie missbraucht hatte, als 1,80 bis 1,90 Meter groß und schlank. Der Mann habe akzentfreies Hochdeutsch gesprochen. »Wie ein Brummbär«, berichtete Silke der Polizei, die die Angaben in einem Fahndungsaufruf aufnahm. Für sachdienliche Hinweise wurde eine Belohnung in Höhe von 230 000 Mark ausgesetzt.

12. Die Trauerfeier

Im Dorf war es still wie lange nicht. Die Taxis trugen Trauerflor und beförderten ihre Kunden an diesem Tag kostenlos. Die Taxifahrer wollten sich nicht nachsagen lassen, an dem furchtbaren Mord auch noch verdient zu haben.

Die Pfarrkirche St. Georg in Strücklingen war viel zu klein, um an diesem Sonnabend, den 28. März 1998, allen Trauergästen Platz zu bieten, die gekommen waren, um Abschied von Christina zu nehmen. Schon eine Stunde bevor die Glocken läuteten, waren die Kirchenbänke besetzt. Weit mehr als 2000 Menschen waren zu dem neugotischen Backsteinbau geströmt, mehrere Hundert mussten dem Trauergottesdienst unter freiem Himmel folgen, der über Lautsprecher nach draußen übertragen wurde.

Der Gemeindegesang vereinte die Menschen in der Kirche mit denen, die im Freien standen. »Aus tiefer Not schrei ich zu dir, Herr Gott erhör mein Rufen«, sangen sie. Ein Kranz aus weißen und blauen Chrysanthemen, Rosen und Tulpen schmückte den weißen Sarg, der vor dem Altar stand. »Geliebt und unvergessen, Mama und Papa«, war auf dem himmelblauen Trauerband zu lesen. Sylvia und Manfred Nytsch blickten abwechselnd auf Sarg und Liedzettel, während sich ihre Lippen zu dem Trauerchoral bewegten.

Der 50 Jahre alte Musiker und die 15 Jahre jüngere Verkäuferin waren erst vor fünf Jahren von Ostberlin ins Saterland übergesiedelt. Sie hatten sich in Strücklingen ein Haus gekauft und schnell Fuß gefasst. Sylvia Nytsch war in einer Drogerie im Nachbarort Barßel Verkäuferin, Manfred Nytsch hatte als Musiklehrer und Schulbusfahrer gearbeitet und den örtlichen Musikverein dirigiert. Christina hatte das Flügelhorn in dem Musikzug geblasen. Auch sonst war das selbstbewusste Mädchen fest integriert gewesen in ihrem Dorf, ob im Tennisverein oder als Messdienerin.

»Sie wusste, was sie wollte«, sagt Pfarrer Ulrich Bahlmann bei seiner Traueransprache in dem ökumenischen Gottesdienst. »Und sie mochte es wohl auch sagen.« Der katholische Priester spricht von der Wut und Empörung, die die Herzen der Saterländer zu vergiften drohe. »Schreie nach Rache werden laut, Schreie nach Vergeltung.« Auch die Todesstrafe werde gefordert. Doch der Pfarrer warnt: »Wer das Leben des Täters auslöschen will, macht sich selbst schuldig. Nellys Tod verpflichtet uns: Lasst uns an einer Welt arbeiten, in der Liebe wohnt; Liebe, die wir einander schenken.«

Eigentlich sollte sich den Worten des Pfarrers ein Wechselgesang anschließen. Doch dem Vorsänger hat dafür schon bei der Probe die Kraft gefehlt. So erklingt zum Abschluss ein Lied vom Band: der Titelsong aus dem Film »Ttitanic«, »My heart will go on« – das Lieblingslied von Christina oder Nelly, wie sie alle nannten. Diese Musik rührt nun auch die zu Tränen, denen es bisher noch gelungen ist, sich zu beherrschen. Selbst der Organist wischt sich mit einem Taschentuch übers Gesicht.

Als die letzten Klänge verhallen, formiert sich der Trauerzug. Mitglieder des Musikvereins tragen den Sarg, voran gehen Messdiener und Christinas Mitschüler, hinterher ihre Eltern, bemüht, die Fassung zu bewahren. Kerzen und Blumenkränze säumen den einige hundert Meter weiten Weg durchs Dorf zum Friedhof, letzte Grüße von Nachbarn, Freunden, Nellys Mitschülern der Klasse 6e.

Sylvia und Manfred Nytsch werfen ihrer Tochter zum Abschied rote Rosen ins Grab. Ohne Beileidsbekundungen abzuwarten, verlassen sie daraufhin den Friedhof. Lange danach noch ziehen Mädchen und Jungen, Frauen und Männer am Grab der Ermordeten vorbei. Darunter sind auch Mitglieder der »Initiative Kim« aus Varel am Jadebusen, die sich nach der Ermordung der zwölfjährigen Kim Kerkow zusammengeschlossen haben. Sie sind bereits am Morgen zum Fundort von Christinas Fahrrad gepilgert. Auf ihren Handzetteln fordern sie ein verschärftes Sexualstrafrecht. Sie wollen wiederkommen, wenn Christinas Mörder gefasst ist und ihm der Prozess gemacht wird.

13. Der Speicheltest

Bei der »Soko Nelly« liefen unterdessen die Telefone heiß. Mehr als 5000 Hinweise gingen in den nächsten Wochen ein. Auch Privatdetektive traten in Erscheinung – nicht nur um sich die ausgesetzte Belohnung zu verdienen, sondern auch um im Auftrag von Fernsehsendern oder Illustrierten zu recherchieren.

Die Sonderkommission ermittelte unterdessen weiter auf mehreren Ebenen. Vorbestrafte Sexualstraftäter der Region wurden überprüft. Ein Bewegungsbild des potenziellen Täters wurde erstellt. Immer mehr verdichtete sich der Verdacht, dass der gleiche Mann, der Christina Nytsch umgebracht hatte, anderthalb Jahre zuvor auch Ulrike Everts entführt haben könnte. Eine Katastrophe für die »Soko Kutsche«, der es nicht gelungen war, einen weiteren Mord zu verhindern. Da der Täter nun der gleiche Mann wie im Falle Christina Nytsch zu sein schien, wurden die 30 Mitglieder der »Soko Kutsche« in die »Soko Nelly« integriert. Doch sehr viel mehr als ein Reifenprofil vom möglichen Täterfahrzeug hatten sie den Kollegen nicht zu bieten. Immerhin waren bereits Hunderte von Spuren ergebnislos überprüft worden – eine Arbeit, die sich die »Soko Nelly« nun sparen konnte.

Wie bei der Suche nach Ulrike Everts meldeten sich auch bei der Fahndung nach dem Mörder Christinas freiwillige Helfer mit angeblich übersinnlichen Kräften. Die Soko stellte ein eigenes Team für Pendler und Hellseher ab. Peter Hochgartz schärfte seinen Leuten ein, auch den skurrilsten Hinweisgeber ernst zu nehmen. Möglicherweise verbarg sich ja hinter dem Tipp eines Hellsehers der Hilferuf des Täters.

Skepsis brachte manch einer der gestandenen Soko-Mitarbeiter aber auch den Experten vom Bundeskriminalamt in

Wiesbaden entgegen, die aus der operativen Fallanalyse ein Täterprofil entwickelten. Vermutlich sei der Mann unverheiratet und lebe möglicherweise noch bei seiner Mutter, hieß es unter anderem in der Analyse, die die »Profiler« erstellt hatten. Als Täterfahrzeug sei ein Opel Omega vorstellbar. Bei allem Respekt vor dem Sachverstand der studierten Experten warnte Hochgartz seine Leute davor, den Blick zu sehr auf dieses Täterprofil zu verengen.

Als wertvoll für die weitere Arbeit der Soko sollten sich dann die Angaben zum Altersspektrum und der geografischen Eingrenzung des Wohnorts aus dem Täterprofil erweisen. Diese Merkmale lieferten die Grundlage für den großen Speicheltest, den Hochgartz in die Wege leitete. Wenn nämlich tatsächlich der Mann mit der ermittelten Genstruktur in der Gegend lebte, dann waren die Chancen nicht schlecht, ihn auf diese Weise aufzuspüren. So forderte die Polizei alle Männer zwischen 18 und 30 Jahren mit Hilfe der Presse und örtlichen Vereine im Umkreis von 20 Kilometern um Ramsloh auf, von Gründonnerstag bis Ostersonnabend zu einem freiwilligen Speicheltest zu erscheinen. An Schulen und in Rathäusern wurden insgesamt 20 Entnahmestellen eingerichtet. Polizeibeamte warteten hier darauf, den jungen Männern der Region mit Hilfe eines Wattestäbchens Speichel zu entnehmen. Einen vergleichbaren Test hatte es bis zu diesem Zeitpunkt noch nicht gegeben, die DNA-Analyse steckte noch in den Kinderschuhen. Die Erfolgsaussichten waren für Peter Hochgartz daher nur schwer einzuschätzen. Per richterlichen Beschluss waren bereits im Vorfeld Speichelproben von rund 1300 Männern genommen worden, die aufgrund ihrer Vorstrafen oder aufgrund von Hinweisen aus der Bevölkerung ins Visier der Polizei gerückt waren. Bei dem freiwilligen Test fehlte jedoch die rechtliche Absicherung, die Frage der gerichtlichen Verwertbarkeit war offen. Eine Großaktion ohne Netz und gesicherten Boden also – für Soko-Chef Hochgartz jedoch erfolgversprechender, als erst einmal mühsam die vielen Hinweise abzuarbeiten.

Immerhin, die Resonanz war überraschend groß. Von den 16 000 Männern der angepeilten Altersgruppe hatten sich mehr als 14 000 beteiligt. Würde der Täter dabei sein? Hatte er Angst, sich verdächtig zu machen, wenn er sich drückte? Oder hoffte er darauf, übersehen zu werden?

Fragen über Fragen, die nicht nur Peter Hochgartz und seine Leute beschäftigten, sondern auch die Öffentlichkeit. Die Kritik blieb nicht aus. Als vier Wochen nach dem Speicheltest immer noch kein Ergebnis vorlag, war in den Medien bereits vom »größten Flop der Kriminalgeschichte« die Rede. Von einem Fehlschlag sprach unter anderem Christian Pfeiffer, der Leiter des Kriminologischen Forschungsinstituts in Hannover und spätere Justizminister Niedersachsens. Die Zahl der Männer, die sich vor dem Test gedrückt hätten, sei viel zu hoch. »Das sind viel zu viele, um zu sagen, die gucken wir uns genauer an.«

Mit jedem Tag, der nach dem Test verstrich, wurde der Druck, der auf Soko-Chef Hochgartz lastete, größer. Und es war nicht nur die Kritik am Speicheltest. Was, wenn der Kindermörder erneut zuschlagen würde? Eine unerträgliche Vorstellung. Hochgartz arbeitete dagegen an – täglich 14 Stunden, Sonn- und Feiertage eingeschlossen. Denn natürlich beschränkte sich die Sonderkommission nicht darauf, das Ergebnis des Speicheltests abzuwarten, sondern fuhr mit den übrigen Ermittlungen fort. Immerhin verfügte man ja auch über das Reifenprofil von der »Soko Kutsche« und war damit in der Lage, alle in Frage kommenden Fahrzeughalter in der Gegend ausfindig zu machen. Doch das waren natürlich Tausende, und die Überprüfung hätte sich über Monate hingezogen. Das gleiche galt für die Sexualstraftäter in der Region. 6000 Männer mit einschlägigen Delikten waren im Regierungsbezirk Weser-Ems registriert – eine Sisyphus-Arbeit alle zu durchleuchten. Das war ähnlich aufwendig wie die Bearbeitung der 5000 Hinweise, die mittlerweile aus der Bevölkerung eingegangen waren. Dies alles kostete viel Zeit. Und die Zeit drängte. In den Dörfern am Küstenkanal hatte sich Angst eingenistet. Eltern ließen ihre Kinder nicht mehr allein auf die Straße, sie begleiteten sie zum Schulbus und holten sie wieder ab. Diese Stimmung, die so gar nicht zu den schönen Frühlingstagen passen wollte, prägte auch die Atmosphäre bei der Polizeiinspektion Cloppenburg.

Am Freitag vor Pfingsten schließlich kam der erlösende Anruf vom Landeskriminalamt in Hannover. Eine medizinisch technische Assistentin hatte in Berlin bei der Untersuchung von Speichelproben eine DNA-Struktur ermittelt, die mit der bekannten identisch war. Nach dem Anruf aus Hannover ging alles ganz schnell. Es dauerte nur wenige Minuten, bis die Polizeibeamten in Cloppenburg der Speichelproben-Nummer den entsprechenden Namen zugeordnet hatten. Es war die Spur 3889, die zum Tatverdächtigen führte.

14. Die letzten Wochen der Freiheit

Über Nacht war der Frühling gekommen, mit lauen Winden und blauem Himmel. Auch im Garten der Familie Rieken flöteten die Amseln, blühten die Krokusse und Osterglocken. Doch Ronny Rieken hatte in diesen Tagen keinen Sinn für das Wiedererwachen der Natur. Die Bilder jenes Märzabends ließen ihn nicht mehr los. Sie schlugen ihm auf den Magen. Er kochte zwar weiter wie bisher, aß aber selbst kaum mehr etwas. Vor allem nachts überfielen ihn die Bilder seiner Tat. Er brauchte eine Menge Schnaps, um sich für ein paar Stunden von den Gespinsten zu befreien.

Es war anders als damals, als er das Geschehene schon am nächsten Tage so weit von sich fortgeschoben hatte, dass ihm war, als sei es ein anderer gewesen. Diesmal war alles viel näher. Das Dorf war in heller Aufregung, die Leute sprachen über kaum etwas anderes mehr. Wohin man auch kam, alles war voller Polizei. Und überall die Suchplakate. Natürlich, er tat, als ginge ihn das alles nichts an, wenn seine Frau vor dem Fernseher saß und zu Tränen gerührt verfolgte, wie der Vater von Christina Nytsch an den Entführer seiner Tochter appellierte, sein Kind freizulassen. »Muss schlimm sein für die Eltern, ich möchte nicht in deren Haut stecken«, murmelte er zwar, zog es dann aber schnell vor, sich anderen Dingen zuzuwenden.

Es gelang ihm dann nach einigen Tagen auch, die Schuldgefühle niederzukämpfen. Wie nach einem schweren Unfall, bei dem er Unfallflucht begangen hatte, hörte er den Polizeifunk ab, um die Suche nach dem vermissten Mädchen zu verfolgen. »Ihr seid ja soo blöd«, ging es ihm durch den Kopf. »Ihr sucht ja an den ganz verkehrten Stellen.«

Als dann die Jäger das tote Kind entdeckt hatten, war er merkwürdig erleichtert.

Endlich war diese Ungewissheit weg – auch für die Eltern. Überall war jetzt nachzulesen und zu hören, was dem Mädchen an Grausamkeiten widerfahren war. Auch in Riekens Familie war der Mord Hauptgesprächsthema. Besonders wütend äußerte sich Manuela. »So'n Schwein, der so was macht. Hoffentlich kriegen die den bald.«

Ronny nickte zustimmend, grummelte Unverständliches, lenkte das Gespräch auf ein anderes Thema. Spurlos aber ging die allgemeine Empörung diesmal an ihm nicht vorbei.

»Was musste das arme Kind nur alles mitmachen!«, durchfuhr es ihn. Dass er selbst die Ursache all der Qualen gewesen war, begann aus seinem Bewusstsein bereits wieder zu verschwinden.

Ich war schon wieder dabei, das Ganze weit von mir wegzuschieben, mir einzureden, dass ich in Wirklichkeit unschuldig an dem Mord war.

Doch diesmal war alles zu nah. Der Ort, an dem Christinas Fahrrad gefunden worden war, lag ja nur drei Kilometer von seinem Wohnhaus entfernt. Und der Ort war zum Wallfahrtsort geworden. Viele Menschen hatten gleich nach dem Bekanntwerden der Tat Blumen niedergelegt. Wie an einem Grab.

Auch Gerda drängte ihren Mann, dort hinzufahren – gemeinsam mit den Kindern. Und wie hätte er ihr diesen Wunsch abschlagen sollen? Er hätte sich ja damit selbst in ein schiefes Licht gerückt. Nein, er wollte ruhig hinfahren, betrachtete das ganze auch als eine Art Härtetest, mit dem er sich beweisen konnte, dass er die böse Geschichte hinter sich gelassen hatte.

Aber es kam anders. Die vielen Blumen und Plüschtiere, die Briefe und Fotos in den Klarsichthüllen, Zettel mit Aufschriften wie »In unseren Herzen bleibst du immer bei uns, Nelly« – all das war mächtiger, als er gedacht hatte. Es sprengte seinen inneren Damm, setzte die verdrängten Bilder wieder frei.

»Was hier wohl an dem Abend passiert ist?« fragte seine Frau ihn.

Und wie in einem Film begannen in seinem Innern die Erinnerungsbilder jenes Abends abzulaufen. Wie er das Mädchen vom Rad gerissen, wie er es in den Kofferraum gesperrt hatte – alles war plötzlich wieder da. Und es gelang ihm nicht mehr, sich dagegen zu stemmen. Die Erinnerungen überfluteten ihn, durchtränkten seine Gedanken und Vorstellungen. Auch wenn er mit Jonas und Maren spielte, musste er an Christina denken. Und auch das Mädchen mit der Ponykutsche kam ihm wieder in den Sinn. Dass er es gewesen war, der Ulrike Everts entführt, vergewaltigt und erwürgt hatte. Alles kam wieder hoch, jedes grausame Detail.

Er fühlte sich verfolgt von seinen eigenen Taten. Gehetzt, gejagt von den Erinnerungen. Sie nahmen Gestalt und Leben an, bedrohlich, unerbittlich wie Rachegöttinnen.

Nachts kam er nicht mehr zur Ruhe. Immer mehr Alkohol war nötig, um das Grauen und die Angst zu ertränken. Es kam vor, dass er in einer einzigen Nacht eine halbe Kiste Bier leerte. Er soff sich in den Schlaf.

Der Alkohol hätte auch gereicht, um drei Männer besoffen zu machen. Es ist schon öfter vorgekommen, dass ich in einer Nacht ne ganze Flasche Weinbrand leer gemacht habe – vorzugsweise den billigen Gruseltaler von Aldi. Ich habe mir meine Träume regelrecht weggesoffen. Ins Ehebett zu Gerda bin ich dann natürlich nicht mehr zurückgegangen. Ich hatte oben schon mein eigenes Bett stehen. Manchmal bin ich auch gleich im Sessel eingenickt. Gerda ist das alles natürlich nicht verborgen geblieben. Aber geschimpft hat sie nicht. Ich habe ihr gesagt, dass der Schnaps so eine Art Medizin gegen meine Schlaflosigkeit ist. Und das hat sie dann akzeptiert. Es blieb ihr ja auch nichts anderes übrig.

Tagsüber war er so müde, dass er fast im Auto einnickte, wenn er vor einer Ampel halten musste. Bei aller Müdigkeit aber mühte er sich, ein guter Vater zu sein, getrieben von der vagen Idee, ein wenig von dem wieder gutzumachen, was er Christina angetan hatte. Geplant war auch, dass er nun bald die kirchliche Trauung nachholen und mit Gerda ein richtiges Hochzeitsfest feiern wollte. Gleichzeitig ahnte er, dass es nur noch eine Frage der Zeit sein würde, bis die Polizei ihm auf die Schliche käme. Und die Zeit wollte er nutzen. Alles tun, um seiner Familie in guter Erinnerung zu bleiben. Wenn das denn überhaupt möglich war...

Schließlich kam der Speicheltest. Es war für ihn keine Frage, dass er sich daran beteiligen musste.

Ich habe mir gedacht, wenn ich nicht hingehe, dann kommen sie erst recht angewackelt. Dann gehe ich lieber freiwillig. Ein besonderes Gefühl im Magen? Nein, das hatte ich eigentlich nicht dabei. Ich habe mich ganz locker gefühlt, als ich mit meinen beiden Schwagern zum Schulzentrum nach Barßel gefahren bin. Ich war kein bisschen nervös, als mir der Typ das Wattestäbchen in den Mund gesteckt hat. Danach aber war mir vollkommen klar, dass es bald passieren wird – dass sie bald kommen und mich holen.

Mehr noch als zuvor bemühte sich Ronny Rieken, die letzten Tage in Freiheit zu nutzen, um sich als guter Familienvater zu beweisen. Er fuhr mit seinen Kindern in den Zoo und in den Freizeitpark Schloss Dankern, lud sie zum Picknick ein, kutschierte sie zur Nordsee.

Ich habe ihnen alle Wünsche erfüllt. Auch meine Frau sollte mich in bester Erinnerung behalten. Ich habe den Garten umgegraben, Blumen gepflanzt und das ganze Haus renoviert – neue Fußbodenbeläge gelegt und das Schlafzimmer neu eingerichtet.

Dennoch kam er nachts immer weniger zur Ruhe. In seinem Dachstübchen betäubte er sich mit Alkohol und Musik, um tagsüber wieder seine Rolle als braver Bürger spielen zu können. So drang seine Unruhe nicht nach außen. Schon von klein auf hatte er es ja gelernt, sich abzupanzern.

Auch gegenüber der Polizei bewahrte er die Fassung. Bereits vor dem Speicheltest waren sie zu ihm gekommen. Leute im

Dorf, die von seinen Vorstrafen wussten, hatten die Polizei auf ihn aufmerksam gemacht.

Zunächst hatten die Polizeibeamten nur seine Frau angetroffen und gefragt, wo ihr Mann an jenem fraglichen Märzabend gewesen sei. »Zu Hause«, hatte die achselzuckend geantwortet. »Erst war er mit seiner Mutter im Krankenhaus, und dann war er wohl zu Hause.«

Er hatte sich darauf beschränkt, die Angaben seiner Frau zu bestätigen: »Wenn meine Frau das so sagt…«

Ganz ruhig war er dabei gewesen, und die Polizisten hatten sich mit seiner Aussage ja offenbar auch zufrieden gegeben. Auch als sie kurz nach dem Speicheltest noch einmal gekommen waren, hatte er die Nerven behalten. Seelenruhig berichtete er den beiden Besuchern, welcher Polizeibeamte im Schulzentrum seine Speichelprobe entnommen hatte. Und wie bei einem unbescholtenen Familienvater bedankten sie sich bei ihm höflich für die Auskunft.

Auch den Leuten in der Nachbarschaft hatte er keine Veranlassung gegeben, Argwohn zu schöpfen. Am Freitagabend vor Pfingsten hatte er noch wie alle andern beim Kränzebinden geholfen – Nachbarn wollten ihre Silberhochzeit feiern.

Doch nach Feiern war ihm am nächsten Tag nicht unbedingt zumute.

Es ist ein warmer, sonniger Tag. Jonas und Maren spielen im Garten. Der Kleine schläft. Ronny Rieken trinkt mit seiner Frau Tee, entschließt sich irgendwann, den Rasen zu mähen. Daraufhin schlüpft er in seine dunkelblauen Arbeitsklamotten und füllt den Rasenmäher mit Benzin auf. Gerda Rieken nimmt unterdessen die trockene Wäsche von der Leine. Gegen halb vier klingelt das Telefon. Gerda Rieken nimmt ab. »Hallo, wer ist denn da bitte?«, fragt sie. Aber am andern Ende wird der Hörer gleich wieder aufgelegt. Danach geht sie ins Wohnzimmer, um die Wäsche zusammenzulegen.

Die Haustür steht offen. Wie üblich im Sommer. Auf einmal sieht sie durch das Fliegengitter, wie Polizeiwagen angefahren kommen. Mehrere Uniformierte steigen aus und gehen aufs Grundstück. Zwei Polizisten kommen zur Haustür.

»Ist Ihr Mann da?«, fragt einer.

»Hinterm Haus beim Rasenmähen«, antwortet Gerda Rieken aufgeregt. »Moment, ich geh ihn holen.«

»Nicht nötig«, sagt der Polizist. »Wir gehen selbst.«

Ronny Rieken hat bereits beobachtet, wie die Polizeiautos das Grundstück umstellen. Obwohl er ahnt, was das zu bedeuten hat, mäht er weiter. Die beiden Polizisten kommen auf ihn zu. Er stellt den Rasenmäher ab.

»Wir müssen von Ihnen noch mal eine Speichelprobe nehmen, die andere ist nicht ganz gelungen«, teilte ihm einer der Polizisten mit.

Rieken reagiert gefasst: »Kann ich nicht wenigstens erst mal den Rasenmäher wegstellen?«

»Dafür ist jetzt keine Zeit, kommen Sie bitte mit ins Auto. Es geht nur darum, dass Sie noch mal das Wattestäbchen in den Mund einführen.«

»Für wie blöd haltet ihr mich eigentlich?«

»Kommen Sie bitte.«

Er lässt sich nicht lange bitten, macht erst gar nicht den Versuch, sich zur Wehr zu setzen. Schicksalsergeben lässt er sich zum Auto führen und zur Polizeiinspektion nach Cloppenburg fahren.

Wie angekündigt, wurde ihm hier auch eine Speichelprobe entnommen. Aber damit war der Fall für ihn nicht erledigt. Die Speichelprobe sollte den vorangegangenen Befund bestätigen.

Doch davon war bei den ersten Vernehmungen noch nicht die Rede.

»Sie wissen, warum Sie hier sind?«, wurde er gefragt.

»Nee, aber vielleicht erzählen Sie es mir«, entgegnete er.

Die Polizeibeamten konfrontierten ihn mit ihrem Verdacht. Er schüttelte den Kopf, beteuerte seine Unschuld. Draußen vor dem rot geklinkerten Polizeigebäude sang eine Schwarzdrossel.

Die untergehende Sonne warf ihre blendenden Strahlen in das Vernehmungszimmer. Er bekam Kaffee und Zigaretten. Aber er schwieg.

Er erhielt Gelegenheit, sich einen Anwalt zu wählen. Er entschied sich für den, der ihn zuletzt bei der üblen Nachrede vertreten hatte, für Rolf Sauerwein aus Harkebrügge. Dummerweise war Sauerwein bereits im Pfingsturlaub. Aber was spielte das schon für eine Rolle? Es würde jetzt ja doch alles herauskommen. Dass er den Mord an Christina gestehen musste, stand eigentlich fest. Die Frage war nur, wie und wem er es sagen sollte. Das war doch alles viel zu heikel, um es Fremden anzuvertrauen.

Vor allem wollte ich nicht, dass es meine Frau von der Polizei erfährt. Dass sie mit Blaulicht zu ihr fahren und ihr sagen: Ihr Mann ist ein Mörder.

Er bat die Vernehmungsbeamten, mit seiner Frau sprechen zu dürfen. Überraschenderweise gingen die sogar auf die Bitte ein. Doch als sie ihm anboten, Gerda zur Polizeiinspektion nach Cloppenburg zu holen, winkte er wieder ab. Nein, das wollte er seiner Frau nicht antun. So entschloss er sich, einen gemeinsamen Bekannten zu bitten, die böse Nachricht zu überbringen – seinen früheren Bewährungshelfer.

Die Sonne war schon längst untergegangen, als der Mann schließlich im Polizeirevier eintraf.

»Bringen Sie es ihr bitte möglichst schonend bei«, fügte er hinzu, als er seinem Bewährungshelfer im Beisein des Vernehmungsbeamten erzählt hatte, was an jenem Märzabend geschehen war.

Danach beantwortete er die Fragen der Polizeibeamten und unterschrieb das Vernehmungsprotokoll, das sie ihm vorlegten. Darin heißt es:

… Ich bin ausgestiegen, und ich wollte ihr eigentlich nur sagen, dass sie nicht mitten auf der Straße fahren kann. … Warum ich sie dann gegriffen habe, weiß ich nicht, aber ich habe sie gegriffen und auf den Rücksitz meines Opel Omega gewor-

fen. … Als ich angehalten hatte, fing sie erst an zu weinen, vorher noch nicht. Sie sagte zu mir, wenn ich sie gehen lassen würde, würde sie alles tun. Die genauen Worte weiß ich nicht mehr. … Dann bin ich hinten zu ihr auf den Rücksitz. Ich weiß nicht mehr, was ich gesagt habe, aber eben, weil sie gesagt hat, sie will alles tun, habe ich dann gesagt, dass sie sich ausziehen soll. Das hat sie dann auch gemacht. Ich weiß nicht, wie ich es sagen soll. Ich hab sie dann eben vergewaltigt. Ich hatte mich nicht ausgezogen. Danach eben, sie hatte sich wieder angezogen, hatte sie die Tür eben aufgemacht und ist abgehauen. … Sie ist vom Fahrzeug weggelaufen und hat geschrien, dass sie alles sagen würde und dass ich dafür dann in den Knast gehe. Ich bin dann hinter ihr her gelaufen und habe sie eingeholt und auf den Boden geworfen. Sie lag dann auf dem Bauch. Ich habe dann vor lauter Angst ein Band aus meiner Kapuze gezogen, ich hatte einen Pullover mit Kapuze an. Dieses Band habe ich ihr um den Hals gelegt und zugezogen. … Sie hat aufgehört, sich zu bewegen, und ich habe daneben gesessen und angefangen zu heulen, weil ich nicht begriffen habe, was ich gemacht habe. Ich wollte dann, dass es aussieht, als wenn es ein Verrückter gewesen ist und habe deshalb mit dem Messer zugestochen …

Manches von dem, was er in den ersten Vernehmungen ausgesagt hatte, korrigierte Rieken später. Doch zunächst einmal war ihm, als habe er seinem Herzen Luft gemacht. Er fühlte sich wie befreit von einer schweren Last.

Das war so, als wäre mir ein Stein vom Herzen gefallen, dass Gerda es endlich wusste. Jetzt musste sie bloß schnell weg da, mit den Kindern aus dem Dorf. Das war jetzt meine Hauptsorge.

Als er das Protokoll unterschrieben hatte, wurde er spät in der Nacht in die Gewahrsamszelle im Untergeschoss des Polizeigebäudes geführt, einen weiß gefliesten Raum, der ihm wie ein Schlachthaus erschien. Schnürsenkel, Gürtel, alles, womit er seinem Leben ein Ende hätte bereiten können, wurde ihm abgenommen. Doch er dachte gar nicht daran, sich umzubringen.

Es war ja nur eingetroffen, was er schon lange erwartet hatte. Und es war gut, dass die Zeit des Wartens endlich vorbei war. Trotzdem musste er immer wieder daran denken, wie nun wohl Gerda über ihn denken würde – und später seine Kinder.

15. Wie ein Fahndungserfolg zur Panne wird

Am folgenden Tag, Pfingstsonnabend, wurde Ronny Rieken dem Haftrichter vorgeführt und zur Untersuchungshaft in die Justizvollzugsanstalt Celle gebracht. Durch sein Geständnis und die Auswertung der Speichelprobe war er nun eindeutig als Täter überführt.

Die Nordwestzeitung, deren Polizeireporter die nächtliche Unruhe im Polizeirevier bemerkt hatte, meldete die Festnahme bereits in ihrer Wochenendausgabe. Nach dem Anruf des Reporters war in der Druckerei die Rotation gestoppt und die sensationelle Meldung nachgeschoben worden. Rundfunk und Fernsehen zogen sofort nach. Erneut machten sich Heerscharen von Reportern, Fotografen und Kamerateams ins Oldenburger Land auf. Natürlich nicht nur, um an der Pressekonferenz der Polizei in Cloppenburg teilzunehmen, sondern auch um das Dorf des Kindermörders zu erkunden – Familienangehörige, Verwandte, Nachbarn zu befragen und Fotos von Ronny Rieken zu beschaffen.

Peter Hochgartz und seine Leute konnten auf ihren Fahndungserfolg stolz sein. Der Speicheltest hatte allen Zweifeln und aller Kritik zum Trotz zum Täter geführt. Als jedoch bekannt wurde, dass Ronny Rieken wegen eines Sexualdelikts bereits vorbestraft war, wurde abermals Kritik an der Polizeiarbeit laut: Warum waren die Fahnder nicht viel früher auf den Mann aufmerksam geworden, der im Nachbardorf seines Opfers lebte und bereits seine Schwester vergewaltigt hatte? Noch heftiger wurde die Kritik, als durchsickerte, dass Dorfbewohner aus Elisabethfehn die Polizei schon zuvor auf Rieken hingewiesen hatten.

Die Polizeiführung sah sich schließlich veranlasst, eine Panne einzugestehen. Im zentralen Computer der Polizeidirektion in Oldenburg waren zwar etliche Vorstrafen Riekens registriert, nicht jedoch die Sexualdelikte. Die Bezirksregierung Weser-Ems räumte »menschliches und bürotechnisches Versagen« ein. Ein voreiliges Schuldeingeständnis, wie Soko-Chef Hochgartz fand. Aus anderen Dateien hatten die Mitarbeiter der Sonderkommission nämlich durchaus erfahren, dass Rieken wegen der Vergewaltigung seiner Schwester vorbestraft war. Doch er war eben nur einer von rund 6000 vorbestraften Sexualstraftätern der Region Weser-Ems.

Nun aber ging es darum, nach vorn zu blicken – oder besser zurück. Es gab ja noch einen weiteren ungeklärten Fall: das Verschwinden von Ulrike Everts. Ronny Rieken bestritt vehement, etwas damit zu tun zu haben.

Akribisch mühen sich die Ermittler, den Lebensweg des Beschuldigten in den vergangenen zwei Jahren nachzuvollziehen, ein »Bewegungsbild« zu erstellen. Bunte Stecknagelköpfe auf einer großen Landkarte im Besprechungszimmer markieren Tatorte sowie die Aufenthaltsorte und Anlaufstellen Riekens. Ausgehend von diesem Bewegungsbild entschließt sich die Soko, in der Umgebung des Küstenkanals nach den sterblichen Überresten von Ulrike Everts zu suchen.

Alle Arbeitgeber, Bekannten und Angehörigen Riekens werden vernommen. Hierfür brauchen die Polizeibeamten Fotos, die den Beschuldigten zeigen – Bilder, die der Erinnerung auf die Sprünge helfen. Doch häufig stellen die Fahnder fest, dass die Presseleute schneller sind. Viele Rieken-Aufnahmen sind bereits an Boulevardblätter, Illustrierte oder Fernsehsender verkauft worden.

Kontakt zu den Angehörigen des Beschuldigten nimmt die Polizei auch auf dem Wege der psychologischen Betreuung auf. Riekens Frau und Ronnys Schwester werden von speziell ausgebildeten Beamten beschirmt; ebenso die Angehörigen der Opfer.

Das Urteil, das die Angehörigen über Ronny Rieken abgeben, fällt durchweg positiv aus. Ein liebevoller Vater sei er, sagt seine Frau den Kriminalbeamten. Immer habe er sich um die Kinder gekümmert. Mit dem ehelichen Sex sei es zwar nicht mehr weit her gewesen, aber das habe ihrer Zuneigung zu Ronny keinen Abbruch getan. Auch seine Schwägerinnen und Schwager bekunden, dass sie ein gutes Verhältnis zu Rieken hatten. Hilfsbereit sei er gewesen, niemals aufbrausend oder gar gewalttätig.

»Den hat nichts aus der Ruhe gebracht«, sagt ein Schwager. »Auch wenn meine Schwester geschimpft hat, weil er nicht zur Arbeit gegangen ist, hat den das nicht weiter gestört.«

Nur Riekens Schwiegervater macht aus seiner Abneigung kein Hehl. Er habe Ronny noch nie leiden können und den Raum verlassen, wenn der Schwiegersohn eingetreten sei, sagte er.

Auch Riekens Mutter wird befragt. Margot Rieken berichtet, dass ihr verstorbener Mann ihre Tochter missbraucht habe, kann sich aber nicht daran erinnern, dass er auch Ronny »angegangen« sei. Im übrigen, betont sie, um Missverständnissen vorzubeugen, sie habe niemals gedacht, dass Ronny so *sei* wie sein Vater - sie habe lediglich Angst davor gehabt, dass er so *werden* könne. Übereinstimmend berichten Ronnys Schwestern indessen von der Neigung ihrer Mutter, Unangenehmes zu vertuschen. Von den Verfehlungen ihres Mannes sollte möglichst nichts nach außen dringen, sagen sie. Margot Riekens Verhältnis zu ihrem Sohn beschreibt seine Schwester Ulla als zwiespältig. Einerseits habe seine Mutter ihn immer in Schutz genommen, andererseits oft hart geschlagen; einerseits sei er das Lieblingskind, andererseits das Problemkind gewesen.

16. Die Schwester: »So abgebrüht war er nun auch wieder nicht«

Für Manuela Rieken kam die Nachricht nicht ganz unerwartet. Sie war zwar bestürzt, als eine Tante aus Elisabethfehn anrief, um ihr von der Festnahme zu berichten. Doch aus allen Wolken fiel sie nicht. Nein, sie hatte so etwas schon geahnt. Gespürt, dass Ronny etwas belastete. Dass er herumdruckste, wenn die Rede auf die entführten Mädchen kam. Und sie hatte ja schließlich am eigenen Leibe erfahren, wozu er in der Lage war.

Irgendwie war sie nach dem Anruf auch erleichtert: Mit der Festnahme des Bruders sei ein Kapitel in ihrem Leben zum Abschluss gekommen, meinte sie. Die quälenden Ahnungen, das schwierige Verhältnis zu Ronny – all das »erledigte« sich mit dieser Nachricht erst einmal.

Noch am Abend der Festnahme fuhr sie von Oldenburg nach Elisabethfehn, um Gerda und die Kinder abzuholen. Scharen von Reporter belagerten das Dorf. Ihre Schwägerin weinte in einem fort, die Kinder waren völlig verstört. Manuela nahm alle vier in ihrer Zweizimmer-Wohnung in Oldenburg auf. Eng und bedrückend war es hier. Gerda schluchzte in ihrer Verzweiflung immer wieder, die Kinder verstanden all das nicht und quengelten.

Zwei Monate teilte Manuela die Wohnung mit der Familie ihres Bruders. Viele neue Einzelheiten kamen über Ronnys Verbrechen in dieser Zeit ans Licht. Es sprengte ihr den Kopf, dass ihr Bruder diese Untaten verübt haben sollte. Ronny, der ihr immer so viel bedeutet hatte. Mit dem sie durch so viele schlimme, aber auch schöne Kindheitserinnerungen verbunden war – den sie trotz der Qualen jenes schlimmen Maientags wieder lieb gewonnen hatte. Dabei fragte sie sich, ob sie nicht mitschuldig war; grübelte darüber nach, ob sie die grausamen Verbrechen nicht hätte verhindern können, wenn sie sich mit ihrem Verdacht rechtzeitig an die Polizei gewandt hätte.

All das schoss ihr durch den Kopf und drehte ihr den Magen um. Als Gerda mit den drei Kindern wieder auszog, wurde es noch schlimmer. Nun war sie ganz allein mit ihren sich widerstreitenden Gefühlen. Was hatte das alles noch für einen Sinn?

Sie wusste einfach nicht mehr weiter. So schluckte sie einen Haufen unterschiedlicher Tabletten, alles, was sich so fand. Als ihre Freundin kam und sie sofort ins Krankenhaus chauffierte, konnte sie schon kaum mehr sprechen.

Sie verbrachte mehrere Tage in der Klinik, bis ihr Körper sich von der Vergiftung erholt hatte. Nach der Entlassung intensivierte die Polizei die Betreuung. Polizeibeamte besuchten sie regelmäßig in ihrer Wohnung, hörten sich ihre Sorgen und Nöte an, halfen ihr bei Alltagsfragen. Außerdem vermittelte ihr die Polizei einen Psychotherapeuten.

Im Gegenzug unterstützte Manuela die Polizei. Denn immer mehr verdichtete sich ihre Ahnung, dass Ronny auch Ulrike Everts entführt und umgebracht haben könnte. Und der Gedanke, dass ihr Bruder die Eltern des Mädchens auf so grausame Weise im Ungewissen lassen könnte, war ihr unerträglich.

Eines Tages fuhr sie zu Ronny in die abgelegene Justizvollzugsanstalt Salinenmoor im Landkreis Celle und bedrängte ihn, endlich reinen Tisch zu machen. Doch der wehrte ihre Fragen barsch ab. »Jetzt fängst du auch schon an, Polizei zu spielen«, fuhr er sie an. »Was soll ich denn noch alles gemacht haben?« Und: »Ich dachte, dass wenigstens du mir glaubst.«

Manuela sah sich gleichwohl bestätigt. Die gereizte Reaktion deutete darauf hin, dass Ronny sich durchschaut fühlte. Es war ihm anzusehen, dass es noch etwas Schwergewichtiges gab, das er mit sich herumschleppte. »So abgebrüht war er nun auch wieder nicht.«

17. Das Geständnis

Pferdegeruch hing in der Luft. Ein Mädchen war gerade mit ihrem Wallach über den Dortmunder Moorweg getrabt. Die Pferdehufe hatten frische Spuren im Sand hinterlassen. So manches erinnerte an diesem 20. Juli 1998 an den Junitag des Jahres 1996, jenen Tag, an dem Ulrike Everts verschwunden war. Die Sonne brannte auf die Wiesen und Maisfelder. Ein warmer Wind, der vom Küstenkanal her wehte, brachte das Laub der Birken und Eichen am Wegrand zum Rascheln.

Ronny Rieken wurde an den Ort geführt, an dem er Ulrike Everts in seine Gewalt gebracht hatte. Auf dem Weg von der Justizanstalt Celle zur Polizeiinspektion Cloppenburg waren die Polizeibeamten mit dem Beschuldigten einen kleinen Schlenker gefahren - in der Hoffnung, dass die Atmosphäre des Tatorts den potenziellen Täter vielleicht zum Reden bewegen könnte. Rieken war einverstanden mit dem Abstecher.

Mit Hauptkommissar Meinhard Hildebrandt durch Handschellen verbunden, spazierte er bereitwillig über den Moorweg. Er nahm den Pferdeduft wahr. Und die Hoffnung der Vernehmungsbeamten erfüllte sich: Die Eindrücke des Ortes riefen alte Bilder in ihm wach, der Strom der Erinnerungen ließ innere Dämme brechen. Er verspürte das Bedürfnis, dem Druck nachzugeben, und hatte doch gleichzeitig Angst davor. Wonach er sich sehnte, war, allein zu sein. Er wollte mit sich zu Rate gehen, seine Gedanken ordnen.

Er äußerte den Wunsch und fand das Verständnis seines Begleiters. Der Hauptkommissar befestigte die Handfessel am Metalltor eines Weidezauns und entfernte sich auf Sichtweite von etwa 30 Metern.

Ronny Rieken nutzte das Alleinsein zu einem Selbstgespräch, erwog das Für und Wider eines Geständnisses. »Was mach ich?«, murmelte er vor sich hin. »Wenn ich es sage, ist das natürlich für Ulrikes Eltern erst mal ein Schock. Aber die Ungewissheit ist vorbei, und es geht ihnen vielleicht auf lange Sicht wieder besser, wenn sie sich damit abgefunden haben. Aber wie bringe ich es Gerda bei? Die hat doch nicht im Traum damit gerechnet. Das wird schlimm sein für sie, dabei war es schon schlimm genug, als sie das mit Christina erfahren hat.«

Er ließ seine Augen über die weiter entfernt stehenden Polizisten schweifen. »Ihr werdet's nie erfahren, wenn ich es jetzt nicht aufkläre, Jungs«, sagte er zu sich selbst. »Aber das macht es für mich wahrscheinlich auch nicht viel besser.«

Nach etwa zwanzig Minuten hatte er eine Entscheidung gefällt. »Ich will es euch sagen, aber zuerst soll es meine Frau erfahren«, teilte er mit. Er bat die Polizisten darum, zunächst mit seiner Schwester sprechen zu dürfen. Manuela sollte es dann seiner Frau mitteilen. Die Polizeibeamten bekundeten Verständnis, empfahlen ihm aber, es seiner Frau besser direkt zu sagen. Er ließ sich von ihnen überzeugen.

Das war nicht gerade leicht. Aber es war eine Sache, die getan werden musste.

Anderthalb Stunden später sitzt Ronny Rieken seiner Frau und seiner Schwester gegenüber – mit Handschellen an seinen Stuhl gekettet. Er dreht sich eine Zigarette nach der anderen. »Liebling, ich muss dir was gestehen, was ganz, ganz Schlimmes«, sagt er zu seiner Frau. Nur eine Kriminalpsychologin ist bei dem Gespräch im Cloppenburger Polizeigebäude dabei. Gerda Rieken weint. In einem fort. Dabei hat er noch gar nichts von dem Mord an Ulrike Everts erwähnt. Er erzählt von seiner Kindheit.

»Du hast doch zu Hause alles gehabt«, wendet seine Frau wimmernd ein. »Du hast doch immer gesagt, wie schön es bei euch zu Hause gewesen ist.«

Da antwortet seine Schwester für ihn: »Schön? Das ist wohl was anderes. Es muss dir doch wohl aufgefallen sein, wie verändert Ronny immer gewesen ist, wenn er bei seiner Mutter war.«

Für Gerda Rieken ist dies alles völlig neu. Nie zuvor hat Ronny mit ihr über die Schattenseiten seiner Kindheit gesprochen. Nun sprudelt es aus ihm heraus. Immer weiter entfernt sich das Gespräch von den aktuellen Verbrechen – den eingestandenen und den noch uneingestandenen.

Die Vernehmungsbeamten, die draußen geblieben sind, beginnen ungeduldig zu werden. Nach zwei Stunden schließlich, es geht bereits auf sechs Uhr zu, blickt Hauptkommissar Hildebrandt zur Tür herein.

»Wie weit sind Sie, Herr Rieken?«

Gerda Rieken sieht ihren Mann fragend an. Und sowie der Kommissar den Raum wieder verlassen hat, beantwortet Ronny Rieken die unausgesprochene Frage.

»Tut mir leid, Gerda. Ich muss gleich noch mit dem Hildebrandt weg. Es gibt da nämlich noch eine Sache, die ich aufzuklären habe.«

Er stockt.

»Du erinnerst dich doch, die Sache mit Ulrike Everts aus Jedeloh«, fährt er fort. »Das damals war ich auch. Und ich glaube, es wird Zeit, dass da jetzt endlich reiner Tisch gemacht wird. Dass wir das hinter uns bringen, dass das Leiden der Eltern ein Ende hat.«

Während Gerda Rieken wieder heftig zu weinen beginnt, blickt Manuela Rieken ihren Bruder entsetzt an. Damit ist das Gespräch beendet. Die beiden Frauen sind zu sprachlos, um weitere Fragen zu stellen.

Ronny Rieken wiederholt darauf sein Geständnis den Vernehmungsbeamten gegenüber und führt die Polizei noch am selben Abend in den Wald im Ipwegermoor, wo er zwei Jahre zuvor die Leiche von Ulrike Everts abgelegt hat. Für eine intensive Suche ist es bereits zu dunkel. Bereits am nächsten Morgen aber finden Mitglieder eines Suchtrupps neben anderen Leichenteilen einen Kinderschädel. Und schon am Mittag lässt sich anhand einer Zahnspange feststellen, dass es sich um die sterblichen Überreste von Ulrike Everts handelt.

18. Die Ehefrau: »Man kann ihn doch nicht einfach fallen lassen«

Was geht einer Frau durch den Kopf, deren Mann sich als Kindermörder entpuppt – einen Mann, den sie geliebt hat? Wenige Monate nach der Festnahme Ronny Riekens vertraut Gerda Rieken ihre Gedanken und Gefühle exklusiv der Bild-Zeitung an, die in einer sechsteiligen Serie das »unfassbare Schicksal einer deutschen Frau« nachzeichnet. Titel: »Mein Mann der Kindermörder.« Gerda Rieken sei so verzweifelt gewesen, dass sie oft daran gedacht habe, sich das Leben zu nehmen, heißt es in der letzten Folge. »Nur meine Kinder haben mich davon abgehalten.« Manchmal indessen sei die Wut noch größer gewesen als die Verzweiflung. »Er hat ja auch mein Leben und vor allem das der Kinder zerstört, auch wenn er das nicht wollte«, sagt Gerda Rieken. Dennoch habe sie nicht die Absicht, sich scheiden zu lassen: »Man kann ihn doch nicht einfach fallen lassen. Ich kann's nicht.«

Nicht in ihren schlimmsten Träumen habe sie sich vorstellen können, dass ihr Mann ein derartiges Doppelleben führte: »Wir waren doch eine glückliche Familie.« Stundenlang habe Ronny morgens mit den Kindern im Bett gekuschelt, mit ihnen geschaukelt, ihnen die Flasche gegeben. Und derselbe Mann soll Kinder missbraucht und ermordet haben?

Im nachhinein erklärt sich für Gerda Rieken allerdings manches, was ihr merkwürdig vorgekommen war, als sie noch mit Ronny zusammenlebte. Diese Unruhe und Schlaflosigkeit in den letzten Wochen, diese auffällige Appetitlosigkeit, die Angewohnheit, sich in sein Dachstübchen zurückzuziehen. Auch seine Angst, dass sie sich von ihm trennen könne, meint Gerda Rieken jetzt besser zu verstehen. Ohne jeden Anlass habe er sie oft gefragt: »Du gehst nicht von mir weg, oder? Du bist doch alles, was ich habe. Ich habe nie jemanden so geliebt wie dich.«

Immer wieder habe sie ihn bei ihren Besuchen im Gefängnis gefragt, ob der Gedanke an seine eigenen Kinder ihn nicht von seinem Tun abgehalten habe. »Wenn ich an dich und die Kinder gedacht habe, dann konnte ich mich ja noch meistens zurückhalten«, habe er da geantwortet. Auch Dinge, die ihn an seine Kinder erinnerten, hätten ihn möglicherweise gebremst. »Wenn die Kindersitze im Auto gewesen wären, hätte mich das vielleicht abgeschreckt«, habe er gesagt.

Nun sind auch die eigenen drei Kinder zu Opfern seiner Verbrechen geworden. Wochenlang hat die kleine Maren kaum ein Wort gesprochen, nachdem ihr Vater plötzlich aus ihrem Leben verschwunden war. Jonas schlief nur noch wenige Stunden, aß kaum mehr etwas und brach ohne Anlass in Tränen aus. »Wo ist Papa? Wann kommt der endlich wieder?«, fragte er immer wieder. Natürlich wollte Gerda Rieken ihrem Sohn nicht die grausame Wahrheit zumuten. »Der ist im Krankenhaus, das dauert lange, bis der wieder zurückkommt«, pflegte sie ihm zu antworten. Doch irgendwann, vermutlich von Spielgefährten, erfuhr Jonas die Wahrheit. Dennoch bestand er darauf, seinen Vater weiter im Gefängnis zu besuchen.

19. Erkundung der Abgründe

Die toten Mädchen kehren zurück und verfolgen ihren Mörder im Schlaf. Und Ronny Rieken muss abermals morden, um sich der Nachtgespinste zu erwehren. Vor allem Christina lässt ihn nicht los. Im Traum sieht er ihren erschlafften Körper vor sich liegen – wie damals, nachdem er sie erdrosselt hat. Sie liegt auf dem Bauch. Vielleicht ist sie ja gar nicht tot. Vielleicht schläft sie nur. Um sich aus der Ungewissheit zu befreien, dreht er ihren Kopf um. Doch wie erschrickt er, als er das Gesicht erkennt. Das ist nicht Christinas Gesicht. Es ist das Gesicht seiner Mutter, in das er blickt – vor Wut zu einer Grimasse verzerrt. »Jetzt hab ich dich«, herrscht ihn die Frau an. »Was hast du wieder angerichtet, du Taugenichts. Aber dafür sollst du büßen. Ich mach dich fertig, Bürschchen.«

Dann sticht er auf den Körper ein, um die Frau zum Schweigen zu bringen. Er sticht zu, immer wieder sticht er zu.

Stets waren es dieselben Bilder, die zu ihm ins Bett krochen. Es fehlte ihm der Schnaps, der die Alpträume früher ertränkt hatte. Auch tagsüber machte ihm der Entzug zu schaffen. Sein Körper schrie nach der gewohnten Dosis, ließ ihn nicht zur Ruhe kommen, bäumte sich auf mit Zittern und Schüttelfrost.

Dabei hatte sich sein Leben ohnehin in einen Alptraum verwandelt. Abgeschirmt von seinen Mithäftlingen verbrachte er die Untersuchungshaft in der abgelegenen Justizvollzugsanstalt Celle II in Salinenmoor. Nur ganz allein konnte er auf dem Hof hinter der hohen Mauer seine Runden drehen. Eine halbe Stunde pro Tag, das stand ihm zu. Meistens aber verzichtete er auf den Hofgang. Denn nie fühlte er sich dabei unbeobachtet. Immer wieder brüllten Häftlinge aus ihren Fenstern: »Wir kriegen dich schon noch, du Kinderficker.« Das wollte er sich lieber nicht zumuten.

Noch mehr graute ihm vor dem Prozess. Sein Anwalt hatte ihm geraten, alles zuzugeben, bereitwillig sämtliche Fragen des Gerichts zu beantworten, um die Sache zu einem schnellen Abschluss zu bringen und einen möglichst guten Eindruck zu machen. Dass am Ende ein »lebenslänglich« stehen würde, war sowieso klar.

Am meisten fürchtete er, den Eltern Christinas gegenüber zu stehen. Sie hatten angekündigt, am Prozess vor dem Landgericht Oldenburg teilzunehmen. »Ich will dem Mörder meiner Tochter in die Augen sehen«, hatte Christinas Mutter den Journalisten gesagt. Wie sollte er sich verhalten? Um Verzeihung bitten? Wie konnten ihm die Eltern verzeihen? Er war ratlos – wie gelähmt bei dem Gedanken an die bevorstehende Begegnung.

Einstweilen waren es die Vernehmungsbeamten, denen er Rede und Antwort zu stehen hatte. Er sprach von seinem Verlangen nach Mädchen mit »kindlichem Wesen«, seinem innigen Verhältnis zu seiner Schwester Manuela, seinen Straftaten. Doch er widersprach und korrigierte sich; seine Schilderungen des Tatablaufs veränderten sich ebenso wie seine Darstellung lebensgeschichtlicher Details. Anfangs sagte er aus, dass er Christina die Augen mit einer Windel seines Sohnes verbunden hätte. Später wollte er eine Nylonstrumpfhose benutzt haben. Unterschiedlich fielen auch seine Antworten auf die Frage aus, wie heftig seine Opfer sich gewehrt hätten. Laut geschrien und gedroht hätte Christina, gestand er schließlich. »Ich hole die Polizei«, hätte sie gerufen. »Du kommst in den Knast, Du kommst für immer weg.« Da hätte er die Nerven verloren. Vehement bestritt er wochenlang, etwas mit dem Verschwinden von Ulrike Everts zu tun zu haben, bis er dann auch diesen Mord zugab.

Nach diesem letzten Geständnis vernahmen die Kriminalbeamten ihn seltener. Nun waren die Erforscher der Seele am

Zug. Zur psychiatrischen und psychologischen Begutachtung wurde Ronny Rieken für eine Woche in die Justizvollzugsanstalt Essen verlegt. Der Leiter des Forensischen Instituts der Universität Essen, Professor Norbert Leygraf, und die Psychologin Sabine Nowara, ebenfalls von der Universität Essen, waren mit der Begutachtung beauftragt worden.

Sie kamen morgens und nachmittags in seine Zelle, um sich ein Bild von seiner seelischen Verfassung, seiner Entwicklung, seinen Taten zu machen. Sie vermaßen seine Hirnströme, testeten seine Intelligenz, seine Belastbarkeit, seine Hirnfunktionen, sein Aggressionspotenzial; sie loteten sein Selbstbild aus, stellten ihm psychologische Standardaufgaben und mühten sich, mit ihm ins Gespräch zu kommen.

Doch Ronny Rieken fehlte es an Vertrauen. Er hatte gehofft, dass sie ihm glaubten, dass es über ihn gekommen war wie ein Fieber; dass sie ihm bescheinigten, wie krank er war und eine Therapie benötigte, um irgendwann einmal wieder als geheilt in die Freiheit entlassen zu werden und zu seiner Familie zurückkehren zu können. Der Psychiater Leygraf setzte diesen Hoffnungen jedoch einen Dämpfer auf.

Der war doch total voreingenommen. »Wenn's nach mir ginge, würden Sie gar nicht mehr rauskommen«, hat er mir gleich gesagt. Da habe ich natürlich abgeblockt, und mir zweimal überlegt, was ich sage. Das hat ihn dann wohl gereizt, so dass er dann auch schon mal lauter geworden ist. Aber dadurch habe ich dann erst recht dicht gemacht.

Zusätzlich gehemmt fühlte Rieken sich durch die Anwesenheit der Psychologin, die Anwesenheit einer Frau.

Das hat mich einfach genervt, wie mich die Frau angestarrt hat. Ich hatte ja meine Probleme mit Frauen, ich war ja immer froh, wenn ich ne Frau von hinten sehen konnte. Klar, wenn ich die Frauen gut kannte, dann ging es. Aber bei fremden bin ich immer sofort in Abwehrstellung gegangen.

So ist Rieken bei den Gesprächen nur bedingt bereit, sich zu öffnen. Um seine Ruhe zu haben, nickt er Antwortvorgaben seiner Gutachter manchmal lediglich ab. Die immer wiederkehrenden Fragen nach seinen sexuellen Fantasien beantwortet er oberflächlich oder gar nicht.

Ich wollte denen ja nichts auf die Nase binden, was mir nachher von Nachteil sein könnte. Aber das war auch sowieso anders, als die sich das zusammengereimt haben. Die Leute denken ja, ich würde mit meinen gewalttätigen Fantasien ins Bett gehen und morgens wieder damit aufwachen. Aber so war es nicht. Nein, die Fantasien sind immer erst gekommen, wenn die Mädchen im Kofferraum lagen. Vorher hat sich immer nur mein Hass gegen die ganze Menschheit aufgestaut. Erst wenn ich die Mädchen in der Gewalt hatte und gemerkt habe, dass sie die Schwächeren sind und ich der Starke und Macht über sie habe, dann kamen die Fantasien. Dass ich diese Macht ausnutzen und sie missbrauchen werde. Missbrauchen muss – auf jede Art und Weise, egal wie lange es dauert, egal, was danach geschieht.

Professor Norbert Leygraf wird später vor Gericht ein etwas anderes Bild von der Begegnung mit Ronny Rieken zeichnen. Durchaus »freundlich zugewandt und kooperativ« habe sich der Angeklagte nach außen hin verhalten, sei dabei aber »in einer durchgehend reservierten und distanzierten Grundhaltung verblieben«. Er »hatte sich offensichtlich schon viele Gedanken darüber gemacht, was er bei der Begutachtung alles mitteilen wollte«, sagte der renommierte Gerichtsgutachter. Immer wieder sei der Eindruck entstanden, »dass er zwar vieles aus seinem Leben berichtete, aber kaum etwas über sich selbst«. Rieken, so befanden die Gutachter, sei nicht in der Lage gewesen, »über rein äußerliche Geschehensabläufe hinaus über den subjektiven Erlebnisbereich zu berichten«. Auch bei der Schilderung seiner Taten habe er keinerlei emotionale Beteiligung gezeigt, auch sonst »einen ausgesprochenen Mangel an Empathie« erkennen lassen. Auch wenn er manche Dinge in dramatischen Worten beschrieben habe, sei diese Dramatik nicht in einer »entsprechenden affektiven oder psychomotorischen Resonanz« zum Ausdruck gekommen. Anders ausgedrückt: Von einer wirklichen Erschütterung angesichts seines eigenen Tuns könne keine Rede sein. Während der Psychotests habe sich Rieken sogar betont locker gegeben. »Er machte witzige Bemerkungen, lachte mehrfach, zum Beispiel über die Fragen beim Intelligenztest.« Es habe den Anschein gehabt, als wolle er »dokumentieren, wie leicht ihm die Lösungen fielen«.

Gleichwohl entlocken die Gutachter dem Angeklagten manch aufschlussreiche Aussage. Zum Beispiel zu seiner sexuellen Entwicklung. Erst im Alter von 18 Jahren habe er eine sexuelle Beziehung zu einer Frau gehabt, jene problematische Beziehung zu Tanja. Drei bis vier Monate habe er mit Tanja in einem Bett geschlafen, bevor es zum ersten Sexualkontakt gekommen sei, berichtet Rieken den Gutachtern. Er habe immer schnell den Schlafanzug angezogen, so dass sie ihn nie nackt gesehen habe. Irgendwann habe er schließlich gedacht, »jetzt musst du das tun, jetzt kannst du keinen Rückzieher mehr machen«. Doch es sei enttäuschend gewesen, regelrecht »eklig«. Bis zu diesem Zeitpunkt, so berichtet Rieken, habe er sich ausschließlich selbst befriedigt. Selten habe er dabei an Oralverkehr gedacht. Und schon gar nicht an Analverkehr. Warum nicht? »Weil mir das ja früher passiert ist, weil ich wusste, wie weh das getan hat und wie ich mich dabei gefühlt habe.«

Ganz entschieden bestreitet der Angeklagte, beim Onanieren Gewaltfantasien gehabt zu haben. Ob Sexualität mit Kindern bei der Selbstbefriedigung eine Rolle gespielt habe? »Mit Kindern kann ich nicht direkt sagen«, sagt Rieken. Doch die Frauen, die er sich vorstellte, seien deutlich jünger gewesen als er selbst, und sie hätten immer einen kleinen Busen gehabt, erwachsene Frauen mit kindlichen Figuren.

Weniger tiefgründig verläuft einige Tage später ein Interview mit dem Fernsehsender RTL, das in Riekens Zelle in der JVA Salinenmoor stattfindet. Sein Anwalt habe ihm zugeraten, sagt Rieken später. Das Interview biete ihm die Chance, der Öffentlichkeit mitzuteilen, wie er selbst unter seinen Straftaten leide, welche Umstände ihn dazu getrieben hätten. Doch die junge Interviewerin beschränkt sich nicht darauf, Fragen zu stellen. Sie setzt sich vor der Kamera als Anklägerin in Szene, unterbricht ihren Gesprächspartner häufig, greift ihn aufgeregt an.

»Hatten Sie überhaupt kein Mitleid mit den Kindern? Das ist doch furchtbar, was Sie da gemacht haben. Haben Sie nie an die Eltern gedacht?«

Ronny Rieken bleibt kaum die Möglichkeit, einen Satz zu Ende zu bringen, geschweige denn, seine Sicht der Dinge darzulegen.

Dass es so ablaufen würde, war mir vorher nicht klar. Sie hat mir nur gesagt, dass sie mich was fragen will. Aber dann hatte ich das Gefühl, dass sie mich nur an den Pranger stellen wollte.

Jedenfalls vermittelt dieses Fernsehinterview Rieken einen lebhaften Eindruck davon, wie außerhalb der Anstaltsmauern über ihn gedacht wird.

20. »Ich hab es wirklich nicht gewollt« – Briefe aus der Untersuchungshaft

Brief an seine Frau vom 30.5.1998:

... Irgendwie ist es bei mir ausgehakt, ich weiß auch nicht, wieso das passiert ist. Vielleicht ist es ja wirklich von meinem Vater vererbt. ... Die ganzen letzten Monate habe ich immer daran gedacht, Dir alles zu sagen. Aber ich hatte Angst, auch wenn ich alleine in Barßel war, wollte ich immer zur Polizei gehen, aber ich habe mich nicht getraut, weil ich um Dich Angst hatte. Aber ich konnte es auch nicht ertragen, Dich anzulügen.

Brief an seine Frau vom 2.6.1998:

... Aber ich bete zu Gott, dass Du mir verzeihen kannst. ... Ich kann immer noch nicht verstehen, wie das passieren konnte. Ich habe es nicht mit Absicht getan, ich war irgendwie nicht ich selbst. Ich habe es nicht gewollt. Als ich wieder klar denken konnte, war es passiert. Das soll keine Entschuldigung sein, ich möchte nur, dass Du weißt, dass ich das nicht mit Absicht getan habe. Ich weiß auch nicht, was mit mir los war, aber es ist passiert. Und Du weißt ja auch, dass ich mich von dem Tage an verändert habe. Es lag daran, ich konnte Dir und den Kindern nicht in die Augen sehen, es hat mir so leid getan. Aber ich konnte es nicht mehr ändern. Und dann konnte ich nicht damit fertig werden, dass ich so etwas getan habe. Fast jede Nacht hatte ich diese Angstträume, bin aufgewacht und habe leise geheult. Wie gerne hätte ich die Wahrheit gesagt, mich der Polizei gestellt, aber ich konnte es nicht. ...

Ach ja, heute habe ich mich gewogen, ich wiege nur noch 85 kg. Aber ich habe bis jetzt ja auch noch nichts gegessen, ich kann einfach nicht, weil ich nicht weiß, wie es Euch geht.

Brief an seine Schwester Manuela vom 2.6.1998:

Ich weiß wirklich nicht, was mit mir los ist. Ich kann es einfach alles nicht verstehen. Als damals die Sache mit Dir war, war ich so glücklich, dass Du mir verziehen hast. Ich hatte gehofft, dass so etwas nie wieder passiert. Ich wollte nie wieder jemandem weh tun. …

Ach Manuela, was ist nur los mit mir? Warum bin ich so? Eigentlich bin ich doch ganz normal. Oder ist es von Willi Rieken vererbt, oder bin ich einfach krank? Ich weiß es nicht, ich wünschte, ich wüsste es. Damit ich was dagegen tun kann. Das soll keine Entschuldigung sein, ich weiß doch nur nicht, was mit mir los ist.

Aus dem Brief an seine Mutter vom 30.5.1998:

… Ach Mami, ich weiß nicht, warum das alles passiert ist. Warum habe ich das getan? Ich schäme mich so sehr und ich bereue es. Ich weiß, dass ich das nie wieder gut machen kann. Ich kann nur hoffen, dass Ihr mir für das alles, was ich getan habe, vergeben könnt. Sag auch Waldemar, dass mir das alles sehr leid tut. Bitte verzeiht mir! Ich weiß, Ihr müsst jetzt sehr viel durchmachen, aber das kann ich nicht mehr ändern. Ich habe es getan, und muss dafür gerade stehen.

Brief an seine Frau vom 3.6.1998:

Ihr seid für mich das Wichtigste auf der Welt. Ich bereue wirklich, was ich getan habe. Ich wollte Euch nie im Leben so etwas antun, Euch so weh tun. Es tut mir so wahnsinnig sehr leid. Heute Mittag habe ich etwas gegessen, es gab Kartoffelbrei mit Soße und eine Kiwi, wobei das eine hier mit einer Eins geschrieben wird. Aber wie gesagt, ich habe nur 2 oder drei Löffel voll gegessen, ich kann einfach nicht, weil ich immer an Euch denken muss. Das war das erste seit Freitag. …

Außerdem möchte ich Dir noch sagen, außer diesen beiden Sachen habe ich nichts gemacht. Es war sonst nichts. Bitte glaube mir. Es war sonst nichts.

(Rieken spricht von der Vergewaltigung der neun Jahre alten Annika am 2.3.1996 und der Vergewaltigung und Tötung der 11-jährigen Christina Nytsch. Den Mord an Ulrike Everts hat er zu diesem Zeitpunkt noch bestritten und erst am 20.7.1998 gestanden)

Brief an seine Frau vom 4.6.1998:

Ihr fehlt mir so sehr, ich möchte so gerne bei Euch sein und alles rückgängig machen. Und mir tut die andere Familie auch so leid, was ich ihnen angetan habe. Ich weiß einfach nicht, was mit mir los ist. Bitte verzeih mir!

(Eine der wenigen Aussagen, mit denen Rieken auf seine Opfer und deren Angehörigen eingeht)

Brief an seine Frau vom 5.6.1998:

... *Weißt Du, die letzten 2 Monate, die Zeit danach, war die schlimmste Zeit meines Lebens. Ich konnte nicht mehr schlafen, Dir in die Augen sehen, oder so mit den Kindern spielen, wie ich es früher gemacht habe. Dieser Gedanke daran, was ich gemacht habe, hat mich total fertig gemacht. Aber Du weißt ja selber, wie sehr ich mich auf einmal verändert habe. Ich konnte einfach nicht mehr.* ... *Weil ich einfach nicht damit fertig wurde, was ich gemacht habe. Du glaubst gar nicht, wie schlimm es für mich war, das alles durchzustehen. Ich wollte so oft zur Polizei, endlich sagen, dass ich es war, aber dann hatte ich Angst um Dich und die Kinder.*

Brief an seine Frau vom 12.6.1998:

... *Sag mal, würdest Du mir versprechen, dass Du, egal was passiert, trotzdem mit unseren Kindern mal nach Mia und Waldemar (Mutter und Stiefvater) fährst? Bitte tu das, ich glaube, sie brauchen die Kinder jetzt wirklich sehr. Es tut mir leid, dass ich Euch das angetan habe.* ...

Jetzt werde ich noch eine Tasse Tee trinken, mit Süßstoff, ist richtig ekelig. Aber das ist besser als gar nichts. Diese widerli-

chen Teebeutel, und dann noch mit Süßstoff. Na egal, wenn ich das getrunken habe, werde ich mich aufs Bett legen, an Euch denken, Eure Fotos ansehen und versuchen zu schlafen. Aber ich habe die ganzen Tage nicht richtig geschlafen, nur immer 2-3 Stunden. Und ich glaube, ich werde nie wieder ruhig schlafen können. Denn sobald ich die Augen zumache, sehe ich die ganzen Bilder wieder vor mir. …

Ich könnte jetzt rumjammern, wie beschissen das hier ist. Aber das will ich nicht, weil ich selber schuld habe. Ist auch egal, was mit mir ist. Mir ist es wichtig, dass es Euch gut geht. Tja, meine Klamotten, ich bräuchte auch meine weißen Turnschuhe und Sandalen. Ich hab ja sonst keine. Und den elektrischen Rasierapparat und den Haarschneider. Das Kabel für den Rasierapparat, der mit den drei runden Köpfen, von Philips, tja das Kabel muss irgendwo im Badezimmer liegen. …

Jetzt werde ich erst mal Tee trinken. Für eine Tasse muss ich zwei Teebeutel nehmen, weil er sonst nicht schmeckt. Na ja, Du weißt ja, wie viel Tee ich trinke, so hoch ist mein Teebeutelverbrauch. Und die muss ich mir auch noch selbst kaufen, hier gibt es nichts umsonst.

Brief an seine Frau vom 12.6.1998:

… Hast Du was von Mia (Mutter) gehört? Ich möchte auch gerne wissen, wie es ihr und Waldemar (Stiefvater) geht. …

Na ja, jedenfalls werde ich Dich nie wieder anlügen und ich hoffe, Du glaubst mir das. Es ist die Wahrheit. Ich möchte Dir sagen können: Gerda, ich liebe Dich mehr als alles andere. Was gewesen ist, ist vorbei, ich will mit Dir neu anfangen, und ich will, dass Du mir wieder vertrauen kannst. …

Ich möchte jetzt einfach einen Schlussstrich ziehen, und dann sagen: Das war mein Leben, jetzt fange ich neu an, und wenn ich wieder rauskomme, möchte ich mein Leben mit Dir verbringen, ohne Dich jemals anzulügen, oder dass Du Angst haben musst, dass wieder etwas passiert. …

Ich weiß ja nicht, ob Du mich besuchen willst, aber wenn, dann denke doch bitte an die Klamotten.

Brief an seine Frau vom 18.6.1998:

… Ich möchte Dir das so gerne erklären, aber ich weiß nicht, wie. Ich weiß nur, dass ich es nicht wollte. Ich wollte damals vor 2 Jahren mit Dir reden, dass ich ein großes Problem habe. Dass ich manchmal was mache, was ich gar nicht will. Ich kann das dann einfach nicht steuern. Es passiert dann einfach. Na ja, ich wollte mit Dir darüber reden, aber ich wusste nicht, wie. Weil ich einfach Angst hatte, genauso zu werden wie mein Vater, wollte ich immer mit Dir reden, und auch zu einem Arzt gehen.

Brief an seine Frau vom 21.6.1998:

… Und ich hab mich immer wieder gefragt: Warum? Warum musste das alles passieren? Was ist denn bloß los mit mir? Ich kann es bis jetzt noch nicht begreifen, warum ich das alles gemacht habe. Ich verstehe das einfach nicht. … In den ganzen Wochen, seitdem es passiert ist, habe ich nicht mehr richtig geschlafen. Immer bloß zwei bis drei Stunden, und ich bin jetzt so kaputt. …

Gerda, ich möchte Dich nicht verlieren, weil Du einfach die schönste, beste und verständnisvollste Frau bist, die es auf der ganzen Welt gibt. Und ich bin so glücklich, dass ich mit Dir, der liebevollsten Frau, verheiratet bin.

Brief an seine Frau vom 25.6.1998:

… Und glaub mir, ich wollte es nicht. Ich habe es wirklich nicht gewollt. Ich weiß doch auch nicht, was mit mir los ist oder warum alles passiert ist. Ich kann es nicht begreifen und soviel ich auch nachdenke, ich finde einfach keine Erklärung dafür. … Ich meine, Du kennst mich besser als jeder andere, und Du weißt das auch, dass ich jeder Form von Gewalt aus dem Weg gehe. Ich meine, es muss doch irgendwas sein, dass ich so was

mache, obwohl ich es gar nicht tun will. Es ist einfach passiert, und ich konnte einfach nichts dagegen tun. ...

Vielleicht hast Du Dich auch schon lange gegen mich entschieden, weil der ganze Druck für Dich zuviel ist. ...

Ich liebe Dich einfach so sehr. Weißt Du, die Zeit mit Dir war die schönste in meinem Leben, und ich bin wahnsinnig stolz auf meine Familie. Und ich weiß eines, Du warst, solange ich Dich kenne, immer meine Traumfrau, und Du wirst es auch immer bleiben. Ich wollte damals nie eine andere haben, und ich will auch in Zukunft keine andere haben. Weil Du eben die Frau bist, mit der ich zusammen sein und mein Leben verbringen will. Weil Du einfach die schönste, beste, tollste, liebevollste, süßeste und verständnisvollste Frau bist, die es gibt. Ich weiß, es wird eine lange Zeit, aber da denke ich im Moment nicht dran. Ich denke eher an die Verhandlung, damit man sieht, wie es weiter geht. Na ja, es kommt natürlich auch auf das Gutachten an, vielleicht bin ich wirklich krank, wie alle sagen. Ich weiß es nicht. Ich bin kein Arzt. Ich weiß nur, dass ich es nicht wollte, aber ich konnte es einfach nicht steuern. Es war einfach so, als wenn mein Verstand ausgeschaltet ist. Ich konnte einfach nichts dagegen tun, so sehr ich es auch versucht habe.

Brief an seine Frau vom 27.6.1998:

... Und weil ich nicht weiß, warum es passiert ist. Ich weiß es einfach nicht. Ich überlege die ganze Zeit, aber ich weiß es nicht. Ich kann es einfach nicht begreifen. Ich kann nur immer wieder sagen, wie leid es mir tut. ...

Weißt Du, eigentlich habe ich nie gewusst, wie schön die Liebe ist, und was sie bedeutet. Das hab ich erst erfahren, als ich mit Dir zusammen war. Als ich noch klein war, wurde ich immer nur gequält und geärgert. Wo es nur ging, haben sie auf mir rumgehackt. Das ging eigentlich so lange, bis das mit Manuela passierte.

Brief an seine Frau vom 2.7.1998:

... Ich habe die ganze Nacht wach gelegen und mir überlegt, wie es angefangen hat und warum es passiert ist. Ich weiß nicht, woran es lag, jedenfalls weiß ich jetzt noch nicht. Ich werde ab Montag mit dem Hauspsychologen sprechen, vielleicht kann er mir helfen, damit ich es rausfinde und auch was dagegen tun kann. Ich will es wirklich, ich will es für mich, für Dich und auch für alle anderen. So kann und darf es auch nicht weiter gehen. Ich werde auch nicht damit fertig, weil ich einfach nicht verstehe, wie das passiert ist.

Brief an seinen Bewährungshelfer vom 8.7.1998:

... Vielleicht könntest Du auch bei meiner Mutter anrufen und irgendwie versuchen, ihr das zu erklären, und dass ich sie liebe. Es tut mir leid!

Brief an seine Schwester Manuela vom 9.7.1998:

Als erstes möchte ich danke sagen, weil Du hier warst. Danke! Irgendwie hat es mir geholfen, ich habe danach die ganze Zeit nachgedacht und glaube, dass Du recht hast. Du sagst, ich soll an mich denken, nicht an andere. Das will ich wohl tun, aber im Moment kann ich es nicht. Weil ich an Euch alle denken muss, vor allem an Gerda. Manuela, was soll ich denn tun, ich werde hin und her gerissen, jeder sagt was anderes über sie. Und so lange ich da nicht Bescheid weiß, kann ich an nichts anderes denken als an sie. Ich weiß, dass es für sie besonders schlimm ist, und das macht es für mich noch schwerer, weil ich sie so sehr liebe. Es tut mir leid Manuela, ich will nur an mich denken, aber im Moment kann ich es einfach nicht. Bitte versteh das. Aber sobald ich weiß, was mit ihr ist, dann werde ich loslegen. Und dann nehme ich keine Rücksicht auf andere, egal wer es ist. Ich glaube, Du weißt, wen ich meine. Wenn wir auch nicht darüber reden wollen, ich werde es tun und es ist mir auch egal, was dann passiert. Ich meine, mein Leben ist doch sowieso vorbei, ich habe keine Familie mehr, einfach niemanden. Ich weiß, dass ich das selbst verschuldet habe, aber es gibt auch welche, die doch etwas mitschuldig sind, weil sie damals nichts gesagt haben, es heute noch nicht tun, sondern einfach so tun, als wäre nichts gewesen. Na ja, jedenfalls, ich werde es tun, sobald ich kann. …

Ich muss einfach an sie denken, weil ich sie liebe. Es tut mir leid Manuela, auch wenn ich mich damit voll rein reiße, ich kann nicht anders. …

Danke, dass Du hier warst, ich glaube, sonst würde ich nie darüber reden, weil ich mich schäme und es auch schlimm ist, was alles passiert ist damals.

Brief an seine Frau vom 10.7.1998:

… Doch, am Montag war Manuela hier, und ich war ganz schön überrascht, sie hier zu sehen. …

Also hab ich ne ganze Zeit lang mit ihr geredet, über unsere Kindheit, und danach, eben über alles, was mit uns passiert ist, als wir klein waren. Was unser Vater mit uns gemacht hat, was Mia (Mutter) mit mir alles gemacht hat. Das sind alles Sachen, über die ich mit niemandem reden konnte, außer mit Manuela. Und wenn Manuela nicht gekommen wäre, dann würde ich auch wohl nie darüber reden, weil es sehr schlimm ist, und ich mich auch schäme, obwohl ich nichts dafür konnte, was er damals mit uns und den anderen gemacht hat. Das ist auch was, worüber ich mit Dir reden will, vielleicht verstehst Du dann, warum ich so geworden bin. …

Ich habe erst immer Rücksicht auf die anderen genommen, weil ich nicht wollte, dass sie vor Gericht schief angesehen werden, weil sie mich so misshandelt haben und so. Aber jetzt denke ich, dass ich doch keine Schuld habe an meiner Kindheit. Und deswegen ist mir das egal, und ich werde jetzt darüber reden, weil ich nicht damit fertig werde, genau wie Manuela. …

Mir fällt alles von früher wieder ein, was ich einfach verdrängt habe und ich nicht drüber reden konnte. Aber ich denke, Manuela hat einfach recht. Ich muss endlich mit meiner

Vergangenheit aufräumen und das alles verarbeiten, mit jemanden darüber reden und nicht einfach verdrängen. Na ja, werde ich wohl irgendwie schaffen. Heute habe ich noch bei (Rechtsanwalt) Sauerwein angerufen, weil ich wissen wollte, was Du machst und wie es Dir und den Kindern geht. ...

Na ja, was sonst noch, ich hab noch immer abgenommen und schlafen kann ich auch noch nicht so gut. Aber mit dem Essen wird's langsam wieder. Wenn ich daran denke, dass ich vor 3-4 Monaten 12 kg mehr gewogen habe, wird mir schlecht. Na ja, da war ich aber auch etwas dick, das bin ich nun nicht mehr. Ich werde versuchen, dass ich wieder ein bisschen zunehme! Mal sehen, ob es geht. Aber abgesehen davon, ich will versuchen, mein Leben wieder in den Griff zu kriegen, ich weiß nicht, ob es schon zu spät ist, aber ich werde alles tun und es versuchen. ...

Vielleicht geht es Dir dann auch besser, weil Du dann weißt, dass ich eigentlich nichts dafür kann, dass ich so geworden bin. Natürlich, ich hab es getan, aber die Ursache dafür, die liegt in meiner Kindheit, und was da passiert ist, dafür bin ich nicht verantwortlich. Das sind andere gewesen. Und wenn man es genau nimmt, dann gehören die, die mein Leben so zerstört haben, mit mir auf die Anklagebank. Ich will mich damit nicht entschuldigen Gerda, denn das kann ich nicht. Und das will ich auch nicht, denn dafür stehe ich gerade. Weil ich damals den Fehler gemacht habe, und nicht auf Manuela hörte. Das war mein größter Fehler, weil mir jemand eingeredet hat, dass ich alles alleine schaffe, und Manuela dafür nicht brauche.

Brief an seine Mutter vom 26.7.1998:

... Ich habe am 20.7. in Cloppenburg angefangen, mit meinem Leben aufzuräumen. Ob ich damit fertig werde, weiß ich auch nicht. Ich habe alle Straftaten, die ich begangen habe, gestanden. ... Ich danke Dir für alles, was Du für mich getan hast. Danke. ... Nochmals vielen Dank für alles!

Brief an seine Frau vom 26.7.1998:

... Ich glaube, dass die ganzen Ursachen dafür in meiner Kindheit liegen, vielleicht kann man das wieder gerade biegen, so dass wir irgendwann ganz ohne Angst wieder zusammen leben können, wenn wir diese Zeit zusammen schaffen. ... Aber ich glaube, das ist irgendwann vorbei, wenn ich lang genug daran gearbeitet habe mit einem Psychologen. Denn das muss ich tun, sonst werde ich nie damit fertig. Weil meine ganze Kindheit, meine ganze Erziehung, mein ganzes Leben daneben gegangen ist.

Brief an seine Frau vom 31.7.1998:

Keine Angst, ich werde alles für mich tun, was möglich ist. Aber ich tue es nicht nur für mich, sondern auch für Dich, unsere Kinder, eigentlich für alle. Ich habe schon mit unserem Psychologen gesprochen, ich habe auch angefangen, mein ganzes Leben aufzuschreiben, aber ich habe erstmal wieder aufgehört. Je mehr ich über damals nachdenke, um so schlimmer wird es für mich. Ich werde da einfach nicht mit fertig. ... Hab ich Dir schon gesagt, dass Mia (Mutter) tatsächlich ein neues Radio gekauft hat. Und das war bestimmt nicht billig. Da hätte sie mir auch das aus der Küche geben können. Vielleicht soll das ja auch eine Art Bestechung sein, damit ich ja nichts über früher erzähle. Und ich muss sagen, ich hab wirklich nachgedacht, ob ich es tun soll. Ich habe mich schon in Cloppenburg entschieden, und diese Entscheidung werde ich beibehalten. Wenn ich es jetzt nicht tu, werde ich es nie schaffen.

21. Der Prozess

Träge zieht ein Lastkahn über den Küstenkanal. Sein heiseres Tuten tönt aus dem Novembernebel. Nicht mehr lange, dann werden vielleicht Eisschollen den Weg versperren und die Binnenschiffer in ihren Winterquartieren auf milderes Wetter und den Frühling warten.

Für Ronny Rieken ist der Wechsel der Jahreszeiten nahezu bedeutungslos geworden. Seine Zeit als Binnenschiffer gehört der Vergangenheit an. Seine Welt ist auf unabsehbare Zeit durch vergitterte Fenster und hohe Mauern begrenzt. In Handschellen wird er am Morgen dieses 12. November 1998 in den großen Sitzungssaal des Landgerichts Oldenburg geführt. Ganz unfeierlich mit Jeans und schwarzweiß gemustertem Pulli hat er sich für die Gerichtsverhandlung gekleidet. Fernsehkameras richten sich auf ihn, Blitzlichter zucken, Fotoapparate mit langen Objektiven, wuchtig wie Panzerfäuste. Die Journalisten drängen sich, den sportlichen Mann mit dem Mittelscheitel und Dreitagebart ins Visier zu nehmen.

Ein kurzer Blick auf das Getümmel genügt ihm. Er senkt den Kopf, wendet die Augen ab von der Meute, die auf ihn lauert. Stößt da jemand einen Fluch gegen ihn aus? Er kann es nicht verstehen. Die Geräusche aus dem Gerichtssaal dringen nur sehr gedämpft zu ihm. Panzerglas trennt ihn von den Menschen im Sitzungssaal, trennt ihn vielleicht überhaupt von der menschlichen Gemeinschaft. Denn er selbst kann sich ja wohl nicht mehr dazuzählen.

»Bestie« nennen ihn die Demonstranten, die draußen vor dem Gerichtsgebäude fordern, dass man ihn nie mehr rauslassen darf. Am besten gleich einen Kopf kürzer machen, sagen manche. Aus roten Grablichtern haben sie auf dem Vorplatz des Gerichts die Namen »Ulrike« und »Nelly« gebildet.

Grimmig, aber auch mit sensationslüsternem Grinsen starren ihn die vielen Zuhörer an, glücklich, eine Einlasskarte ergattert zu haben. Er braucht keine Angst vor dem Volkszorn zu haben, der sich vielleicht auf den Zuschauerbänken entladen könnte. Das Panzerglas schützt ihn vor möglichen Attacken. Doch es schützt ihn nicht vor den Blicken der zwei Menschen, deren Begegnung er mehr fürchtet als alles andere in diesem Prozess: den Blicken von Christinas Eltern. Sie sitzen ihm auf der Bank der Nebenklage direkt gegenüber. Auge in Auge. Der Mann mit dem grauweißen Vollbart, Christinas Vater, durchbohrt ihn förmlich mit seinen Augen. Auch die Frau daneben starrt ihn an, stumm und anklagend, als suche sie in seinem Gesicht eine Erklärung. Er aber erträgt es nicht, die Blicke zu erwidern, starrt verschämt auf die Tischkante.

Ich kam mir ziemlich feige vor da hinter dem Panzerglas. So als ob ich mich dahinter verstecken würde. Mir war immer, als würden die Leute mit dem Finger auf mich zeigen und sagen: »Guckt mal, die feige Sau da.« Ganz schön einsam habe ich mich gefühlt, wirklich. Mein Anwalt saß ja drei, vier Meter von mir entfernt.

Weit weg fühlt er sich auch, als der Staatsanwalt die Anklageschrift verliest, eine Schandtat nach der anderen auflistet, eine grausamer als die andere. Er senkt den Blick, lässt sich in jenen Zustand der inneren Vereisung fallen, der ihm schon oft geholfen hat, sich gegen Schuldgefühle und Ängste zu panzern.

So muss er sich zwingen, die Fragen des Vorsitzenden Richters zu beantworten. Ob die Öffentlichkeit ausgeschlossen werden soll, wenn es um seine sexuelle Entwicklung geht?

»Mir egal«, nuschelt der Mann hinter dem Panzerglas ins Mikrofon.

»Wie bitte?«

»Das ist mir ganz egal.«

Er will ja nicht als feige gelten. Auch seine Vergewaltigungen sollen ruhig in allen Einzelheiten ausgebreitet werden. Was hat er schon noch zu verlieren?

Einsilbig beantwortet er die üblichen Fragen zur Person. Als er seine Kindheit schildern soll, die Qualen, die ihm sein Vater zugefügt hat, stockt seine Stimme. Fast eine Minute starrt er vor sich hin, bevor er fortfahren kann. Richter Rolf Otterbein muss die Verhandlung sogar einmal kurz unterbrechen, damit er sich fassen kann. All die Jahre habe er geschwiegen, sagt er. Erst jetzt habe er sich entschlossen, darüber zu sprechen, weil »es wohl damit zu tun hat«.

Und dann schildert er dem Gericht, wie sein Vater ihn und seine Schwestern immer wieder sexuell missbrauchte, berichtet von seinem blutigen Schlafanzug und der abwehrenden Reaktion seiner Mutter. »Zieh dich doch um«, habe sie nur gesagt, »Zieh dich doch um.«

Es sind ausschließlich düstere Farben, in denen der Angeklagte seine Kindheit malt. Er sei der Prügelknabe seiner Familie gewesen, sagt er. Mit allem möglichen habe seine Mutter ihn geschlagen, mit allem, was sie zu fassen kriegte, Holzschuh, Kochlöffel, Lederriemen. »Ich hatte darunter zu leiden, dass ich der einzige Junge war.« Seine ältere Schwester habe sich mit seiner Mutter gegen ihn verschworen. Natürlich muss er einräumen, dass er Prügel und Schelte durch allerlei »Dummheiten« auch selbst heraufbeschworen habe: Schuleschwänzen, Schlägereien, Diebstähle, Einbrüche...

Er macht auch kein Hehl daraus, dass er Schwierigkeiten mit Frauen hatte. Seine erste Freundin habe er verloren, weil er Probleme beim Geschlechtsverkehr gehabt habe, sagt er mit gesenktem Kopf. »Da habe ich den Glauben an die Frauen verloren.«

Während er erzählt, wie er später seine Schwester vergewaltigte, versucht Silvia Nytsch dem Mörder ihrer Tochter ins Gesicht zu sehen. Ein weißer Balken zwischen den Panzerglasscheiben behindert den Blick. Die Nebenklägerin wirkt ruhig, gespenstisch ruhig. Erst später, als Einzelheiten zum Leiden Christinas erörtert werden, schlägt sie eine Hand über die Augen. Tränen laufen ihr übers Gesicht.

»Ich hasse den«, sagt sie einem Journalisten in der Verhandlungspause. »Wenn ich könnte, würde ich ihn umbringen.«

Die scheußlichsten Details behandelt das Gericht zwar unter Ausschluss der Öffentlichkeit. Doch schon das, was Ronny Rieken zum Tatgeschehen aussagt, reicht aus, Entsetzen zu verbreiten.

Eine seltsame Heiterkeit kommt auf, als am vierten Verhandlungstag Onkel Heini in den Zeugenstand tritt. »Da war immer was los«, erzählt der mittlerweile 70 Jahre alte Rentner aufgeräumt, als er nach Riekens Elternhaus gefragt wird. »Sie sind hier nicht im Fernsehen«, unterbricht ihn Richter Otterbein. Doch der alte Bauer zieht unter dem Schmunzeln des Publikums weiter vom Leder, lässt sich nicht beirren in seiner Meinung. Noch viel mehr Schläge habe Ronny als Kind verdient, sagt er. Seine Mutter habe ihn viel zu oft in Schutz genommen, ihren Liebling, wenn der geklaut oder zum Spaß die Feuerwehr alarmiert habe. Dass er selbst Ronny gewürgt und ihm die Hoden gequetscht habe, weist der Alte entrüstet zurück. »Wer hat Ihnen denn den Floh ins Ohr gesetzt?«, fragt er den Richter. Abschließend teilt er dem Gericht ungefragt mit, dass er im Falle Riekens eine Therapie für zwecklos erachtet. »Das hat *überhaupt* keinen Sinn«, befindet der bärbeißige Rentner. »Das ist erblich mit Ronny.«

Der Angeklagte verfolgt den komödienreifen Auftritt seines einstigen Peinigers ohne sichtbare Gefühlsregung. Onkel Heini lässt ihn kalt. Eine Witzfigur. Sehr viel näher geht ihm der Auftritt seiner Schwester Manuela, die sich als einzige aus seiner Familie zur Aussage entschlossen hat. Er blickt nur kurz auf, als sie den Gerichtssaal betritt. Dann senkt er sofort wieder den Kopf. Dabei erscheint er in den Schilderungen seiner Schwester in einem sehr viel positiveren Licht als in den Erzählungen von Onkel Heini. Manuela bestätigt, dass ihre Mutter bei Ronny immer wieder »draufgeschlagen« habe. Oft wegen Kleinigkeiten. »Sie kam mit ihm nicht klar.« Dass Ronny von seinem Vater vergewaltigt wurde, kann die Schwester indessen nicht bestätigen. Sie weiß nur zu berichten, dass ihr Vater seine Töchter und manches andere Kind missbrauchte.

Manuela Rieken sitzt dem Vorsitzenden Richter mit verschränkten Armen gegenüber und spricht mit fester Stimme. Natürlich bleibt es der Zeugin nicht erspart, zu schildern, was ihr Bruder ihr einst angetan hat. Immer noch leide sie unter den Folgen der brutalen Vergewaltigung, sagt sie. Dennoch habe sie später wieder ein inniges Verhältnis zu ihrem Bruder entwickelt, stundenlang am Telefon mit Ronny über dessen Probleme gequatscht. Sie habe ihm empfohlen, einen Psychologen aufzusuchen, berichtet die junge Frau. Was daraus geworden ist? Die Zeugin zuckt die Achseln. Ronny habe den Vorschlag zwar »witzig« gefunden, ihn dann aber doch nicht aufgegriffen.

Eine Änderung zum Besseren meinte sie zu erkennen, als ihr Bruder eine eigene Familie gegründet und selbst Kinder bekommen habe. Liebevoll sei er zu seinen Kindern gewesen, habe sich immer strikt gegen die Prügelstrafe ausgesprochen. Nicht im Traum sei sie auf die Idee gekommen, dass Ronny in dieser Zeit die vermisste Ulrike Everts umgebracht haben könnte.

Der Angeklagte blickt während der gesamten Zeugenaussage seiner Schwester kein einziges Mal auf.

Das war bedrückend für mich, dass Manuela da wieder mit reingezogen worden ist und die alten Wunden aufgerissen wurden.

Auf andere Art bedrückend ist für Ronny Rieken, was die Gutachter über ihn sagen. Der Psychiater Norbert Leygraf bescheinigt ihm einen »erschreckenden Mangel an Mitgefühl«. Als Hinweis darauf führt der Sachverständige unter anderem an, dass Rieken sich zunächst geweigert habe, mit einer Frau über seine Taten zu sprechen, weil Frauen »so etwas mit Kindern« schlimmer fänden als Männer. Auch die Art und Weise, in der Rieken über den Prozess gegen den Kindermörder Rolf

Diesterweg im Jahre 1997 gesprochen habe, habe ihn in seiner Einschätzung bestätigt, sagt der Professor. Während Riekens Frau und Schwester betroffen auf die Berichte über den Kindermord reagiert hätten, sei ihm das alles »fünf Meter am Arsch vorbeigegangen«, wie er es ausgedrückt habe – zu einem Zeitpunkt, als er Ulrike Everts bereits ermordet hatte.

»Die Prognose ist ausgesprochen düster«, folgert der Psychiater. Für einen derartigen Mangel an Mitgefühl gebe es keine erfolgversprechende Therapie.

Die Ursachen für die Gewaltausbrüche, denen die beiden Mädchen zum Opfer fielen, liegen aus Sicht von Leygraf und der Psychologin Sabine Nowara im wesentlichen in der Kindheit des Angeklagten. Ronny sei von seinen Eltern oft geschlagen worden, nie habe er so etwas wie Zärtlichkeit von ihnen empfangen. Gefühle von Ohnmacht und Hilflosigkeit, von Angst und Wut hätten seine Kindheit überschattet. Hierdurch habe er nicht gelernt, im Umgang mit anderen Menschen Vertrauen und Sicherheit zu empfinden. Er habe sich zu einem misstrauischen Einzelgänger entwickelt, dem es schwer fiel, Kontakte zu Frauen aufzubauen.

Der Mann hinter dem Panzerglas folgt den Ausführungen der Sachverständigen mit gesenktem Kopf. Manches erscheint ihm so selbstverständlich, dass er sich fragt, warum studierte Leute damit ihre teuer bezahlte Zeit verplempern. Anderes findet er falsch und ungerecht. Besonders ungerecht findet er es, dass die Gutachter Äußerungen, die sie ihm in den Mund gelegt haben – wie die über den Diesterweg-Prozess – benutzen, um ihre Vorurteile zu stützen. Aber welchen Sinn hat es, dagegen aufzubegehren?

Das Bild, das sie sich von mir gemacht hatten, war doch sowieso schon fertig. Wenn ich mich verteidigt hätte, dann hätten doch alle nur gesagt, dass ich mich wieder rausreden will. Nee, ich wollte vor allem, dass diese Sache möglichst schnell vorbeigeht.

Als Leygraf die zwiespältige Rolle seiner Mutter analysiert, horcht Rieken auf. Der Professor vermutet, dem Angeklagten sei die Ablösung von der Mutter nicht gelungen. Einerseits habe sie ihn als Problemkind und Prügelknaben behandelt, andererseits sei er ihr Lieblingskind gewesen, das sie oft Dritten gegenüber in Schutz genommen habe. »Das ständige Inschutznehmen durch die Mutter hat seine Gewissensbildung behindert«, sagt der Psychiater.

Der Angeklagte stützt sich die Stirn. Der Schädel brummt ihm von all den komplizierten Sätzen, mit denen die beiden Seelenforscher sein Innenleben ausloten. Resigniert nimmt er zur Kenntnis, dass der Professor in Zweifel zieht, sein Vater habe auch ihn sexuell missbraucht. Dass jemand die Erlebnisse seiner frühen Kindheit so plastisch und konkret beschreiben könne wie Ronny Rieken, sei »ausgesprochen erstaunlich«, sagt Leygraf. Doch ob wahr oder erfunden, im Gesamtbild der Täterpersönlichkeit sei die Vergewaltigung durch den Vater ohnehin nur »ein Mosaiksteinchen«. Fest stehe, dass Rieken in einer Atmosphäre sexueller Gewalt aufgewachsen sei.

Ein entscheidendes Manko in der sexuellen Entwicklung des Angeklagten liegt nach Meinung des Gutachters darin, dass er für seine Rolle als Mann keine positive Identifikationsfigur vorgefunden habe. Weder sein Vater noch Onkel Heini seien seiner männlichen Identitätsbildung förderlich gewesen.

Positiv habe sich immerhin Riekens Verhältnis zu seiner Ehefrau entwickelt. In der Beziehung zu Gerda sei es ihm gelungen, seine Hemmungen Frauen gegenüber zu überwinden. Ganz so befriedigend, wie der Angeklagte sein Eheleben geschildert habe, sei es in Wirklichkeit allerdings wohl nicht gewesen. In der Hauptverhandlung habe Rieken ja eingeräumt, dass die sexuellen Aktivitäten nach der ersten Schwangerschaft kontinuierlich seltener wurden. Nur noch einmal im Monat habe er am Schluss mit seiner Frau verkehrt.

In mehreren Tests habe sich Riekens »Befangenheit im Umgang mit anderen Menschen« widergespiegelt, führen die Gutachter weiter aus. »Herr Rieken sieht sich im Vergleich zu anderen Menschen als äußerst unattraktiv, unbeliebt und missachtet. Seine Grundstimmung schildert er als sehr bedrückt. Seinen Ärger frisst er in sich hinein, statt ihn angemessen auszudrücken. Vor allem sieht er sich als sehr verschlossen, gibt wenig von sich preis und hat eine misstrauische Haltung anderen gegenüber.«

Doch bei allen Hemmungen, Sexualproblemen und Persönlichkeitsstörungen: Für einen kranken, von inneren Zwängen getriebenen Mann halten die Gutachter Ronny Rieken nicht. Sie stufen ihn weder als Sadisten ein, noch vermögen sie eine ausgeprägte Neigung zur Pädophilie erkennen. Auch sexuelle Gewaltphantasien lassen sich untermauern.

Trotz der erheblichen Persönlichkeitsstörung war der Angeklagte nach Auffassung der Sachverständigen in seiner Steuerungsfähigkeit und seinem Unrechtsempfinden nicht beeinträchtigt. Sämtliche Tests und Untersuchungen belegten, dass Ronny Rieken körperlich und geistig gesund sei: »Der Beschuldigte«, so die Gutachter, »leidet nicht an Schwachsinn, seine Intelligenz liegt mit einem gemessenen Intelligenzquotienten von 105 im Durchschnittsbereich, Hinweise auf hirnorganische Beeinträchtigungen sind nicht feststellbar, ebenso wenig Anzeichen für das Vorliegen einer Schizophrenie oder anderer krankhafter seelischer Störungen.« Auch Anhaltspunkte für eine tiefgreifende Bewusstseinsstörung zum Zeitpunkt der Straftaten durch Medikamente, Alkohol oder Drogen können die Gutachter nicht erkennen. »Voll schuldfähig«, lautet daher das Fazit.

Daher fordert Staatsanwalt Christian Schierholt im Anschluss an die Gutachter, den Angeklagten nicht nur zu einer lebenslangen Freiheitsstrafe zu verurteilen, sondern darüber hinaus die besondere Schwere der Schuld festzustellen. Es müsse sichergestellt sein, dass der Angeklagte nicht bereits nach 15 Jahren entlassen werden könne. Eiskalt habe Rieken seine

Opfer getötet, betont der Anklagevertreter. »Er ist zur Erfüllung seiner sexuellen Wünsche über Leichen gegangen.«

Riekens Anwalt Rolf Sauerwein plädiert am nächsten Tag dafür, seinem Mandanten eine Therapie zu ermöglichen. Jeder Straftäter müsse »die Chance haben, irgendwann einmal wieder das Licht der Sonne zu sehen«, sagt Sauerwein, der im übrigen den Verwandten und Nachbarn eine Mitschuld gibt. Viel zu lange sei geschwiegen und vertuscht worden. »Deckel drauf«, sei das Motto gewesen.

Bevor sich die 5. große Strafkammer zur Urteilsberatung zurückzieht, nutzt der Mann hinter der kugelsicheren Glaswand die Gelegenheit zu dem gesetzlich verbürgten »letzten Wort«.

Immer wieder beteuert er, dass ihm »sehr leid tut, was passiert ist«. Doch man sieht es ihm nicht an. Besonders aufgewühlt wirkt der Angeklagte auch in dieser Situation nicht. Den Blick ins Leere gerichtet, bittet der Mann mit dem goldglitzernden Ohrring den Richter um die Chance einer Therapie: »Wenn man es wirklich will, dann klappt das auch.« Nur wenn mit Sicherheit feststehe, dass er keine Straftaten mehr begehe, wolle er entlassen werden. Als »Fehler« bezeichnet er es, nach der Vergewaltigung seiner Schwester im Jahre 1989 vor Gericht nicht die ganze Wahrheit gesagt zu haben. »Wenn ich damals alles rausgelassen hätte, dann wäre es wohl anders gekommen. Die Schuld ist nicht bei anderen zu suchen, sondern bei mir.« Nun sei er froh, dass er endlich reinen Tisch gemacht habe. »Ich habe eingesehen, dass endlich alles vorbei sein muss und dass es aufhört damit – dass man irgendwann wieder in ein positives Leben reinkommt.«

Trotz der bekundeten Reue und Selbstkritik fehlt diesen »letzten Worten« die Glaubwürdigkeit. Es drängt sich der Eindruck auf, dass der Angeklagte sagt, was von ihm erwartet wird.

Vor dem Oldenburger Landgericht flackern an diesem Freitag, den 27. November 1998, wieder rote Grablichter. »Opferrecht vor Täterschutz«, steht auf einem der vielen Transparente. Bevor gegen 14 Uhr schließlich das Urteil verkündet wird, läuten die Demonstranten eine mitgebrachte Glocke. Schwarze Luftballons steigen in den sonnigen Novemberhimmel.

»Im Namen des Volkes ergeht in der Strafsache gegen Ronny Rieken folgendes Urteil«, verkündet der Vorsitzende Richter Rolf Otterbein, nachdem sich alle Zuhörer, Journalisten, Anwälte, Schöffen, der Angeklagte sowie die Eltern seines Opfers erwartungsvoll von den Plätzen erhoben haben. »Der Angeklagte wird wegen Mordes in zwei Fällen zu einer lebenslangen Freiheitsstrafe verurteilt. Die besondere Schwere der Schuld wird festgestellt. Der Angeklagte trägt die Kosten des Verfahrens und die der Nebenklage.«

Der Mann hinter dem Panzerglas verrät keinerlei Gefühlsregung. Wie an den Verhandlungstagen zuvor, senkt Ronny Rieken den Kopf, während der Richter die Anwesenden auffordert, Platz zu nehmen.

Ich habe eigentlich gar nichts gefühlt dabei. Ich wusste ja, was auf mich zukommt. Das Urteil hat mich darum auch nicht umgehauen. Die besondere Schwere der Schuld – ja, das war natürlich nicht so schön. Aber der Anwalt hat mir gesagt, dass man trotzdem nach 15 Jahren einen Antrag auf Haftentlassung stellen kann.

Doch Richter Otterbein betont in seiner Urteilsbegründung, dass »lebenslang« im vorliegenden Falle tatsächlich »ein Leben lang« bedeuten könne. Denn nach gegenwärtigen Erkenntnissen sei Riekens Mangel an Mitgefühl und sein »verfestigter Hang zu schwersten aggressiven Taten« durch eine Therapie nicht zu beheben.

Dem Verurteilten sinkt der Kopf auf die Brust, während der Richter mit der Urteilsbegründung fortfährt. »Der Schock ist verflogen, aber das Entsetzen über die Grausamkeiten der Taten bleibt«, referiert Otterbein, bevor er noch einmal die vielen Sexualverbrechen auflistet, die in den beiden Morden gipfelten. Heimtückisch sei Rieken vorgegangen; er habe Ulrike und Christina gesagt, dass er sie laufen lasse, wenn sie ihm willig seien, in Wirklichkeit aber war ihren Tod bereits beschlossen.

»Beide haben ihrem Vergewaltiger von Angesicht zu Angesicht gegenübergestanden«, sagt Otterbein. Für Rieken sei damit klar gewesen, dass er sie »keinesfalls laufen lassen durfte, wenn er unentdeckt bleiben wollte«.

Ausgehend von den psychologischen und psychiatrischen Gutachten erklärt das Gericht den Angeklagten für voll schuldfähig. »Er hat sämtliche Situationen stets durchgehend kontrolliert. Der Angeklagte hat sich gezielt Situationen ausgesucht, in denen die Opfer ihm hilflos ausgeliefert waren und Hilfe von dritter Seite nicht zu erwarten stand.« Keine krankhafte Störung sei der Grund für die Verbrechen gewesen, sondern das Streben nach möglichst einfachem Lustgewinn. »Er hat sich bewusst Schwächere als Opfer ausgesucht.«

Nur wenig spricht nach Auffassung des Gerichts für den Angeklagten: seine Aussagebereitschaft, seine späte Reue vor Gericht, seine liebevolle Sorge für die Familie, seine schwere Kindheit in einem Elternhaus, das von Gewalt und Alkoholmissbrauch geprägt war. Den Missbrauch durch den Vater indessen bezweifelt der Richter. Und die »positiven Ansätze« sind nach Meinung der Strafkammer nicht geeignet, die Verbrechen in einem milderen Licht erscheinen zu lassen. Als zusätzlich belastend wertet das Gericht die lange Liste der Vorstrafen. »Der Angeklagte ist ein Bewährungsversager«, sagt Richter Otterbein. »Bei einer Gesamtwürdigung überwiegen die erschwerenden Umstände derart, dass die besondere Schwere der Schuld festzustellen war.«

Zum Abschluss seiner Urteilsbegründung wendet der Richter sich an Christinas Eltern, die wie an jedem Prozesstag dem Angeklagten gegenübersitzen: »Mit diesem Urteil können wir Ihnen Ihre Kinder nicht zurückgeben. Aber ich hoffe, dass der Prozess Ihnen hilft, zur Ruhe zu kommen.«

Christinas Eltern sind mit dem Urteil einverstanden. Die Selbstvorwürfe des Angeklagten dagegen haben sie unbeeindruckt gelassen. »Ich nehme ihm das nicht ab«, sagt Manfred

Nytsch. »Wenn er heute so nett daherredet, darf man nicht vergessen, mit welcher Brutalität er vorgegangen ist.« Ob Ronny Rieken noch eine Chance verdient? Christinas Mutter schüttelt den Kopf. »Der hat schon viel zu viele Chancen gehabt.«

22. »Es fehlt an einer emotionalen Bremse« – Gespräch mit Norbert Leygraf

Professor Norbert Leygraf, Direktor des Instituts für Forensische Psychiatrie an der Universität Essen, im Gespräch mit Heinrich Thies zum Fall Rieken (6. April 2004)

Ronny Rieken sagt, dass er als kleiner Junge selbst von seinem Vater vergewaltigt worden ist. Hat er diese Missbrauchserfahrungen später reproduziert?

Ich glaube nicht, dass er tatsächlich von seinem Vater vergewaltigt worden ist, wie er behauptet. Jedenfalls waren seine Angaben dazu ausgesprochen konstruiert und in vielen Punkten überhaupt nicht nachvollziehbar. Aber auch wenn: Derartige Missbrauchserfahrungen geben meiner Ansicht nach nicht den Ausschlag für solchen Taten. Entscheidend bei ihm wie den meisten dieser Täter ist, dass es an einer Bremse fehlt, einer emotionalen Barriere, nämlich der Fähigkeit, sich in seine Opfer hineinzuversetzen, mit ihnen Mitgefühl zu haben. Rieken fehlt jedes Gefühl von Mitleid, jede Empathie.

Wo liegen denn die Ursachen für diesen Mangel?

Dafür kann es durchaus eine gewisse genetische Veranlagung geben, wir kommen nun mal nicht alle mit den gleichen Möglichkeiten zur Welt. Zu dieser Komponente kommt aber der Einfluss der Sozialisation natürlich dazu. Wenn ein Kind sich in den ersten Lebensjahren nicht angenommen fühlt und etwa wie Ronny Rieken mit einer alkoholkranken Mutter zu tun hat, die ihren Jungen mal schlägt und mal alles durchgehen lässt, dann wird auch die Entwicklung von Mitgefühl behindert. Wer sich in seiner frühen Kindheit seinen Eltern hilflos und ohnmächtig gegenüber sieht und sozusagen am eigenen Leibe keine mitfühlende Zuwendung erlebt, neigt dazu, später auch anderen Menschen nur wenig Mitgefühl entgegenzubringen. Der so genannte Schreckreflex lässt sich im übrigen auch neurophysiologisch nachweisen. Wenn man Testpersonen grausame Bilder wie zum Beispiel Aufnahmen brennender Kinder aus dem Vietnam-Krieg vorlegt, dann kommt es im Normalfall zu einem reflexartigen Schluss der Augenlider. Bei Menschen, denen die Fähigkeit zum Mitleid fehlt, ist diese Reaktion deutlich geringer oder fehlt ganz.

Wie hat sich denn aus Ihrer Sicht im Falle Rieken das negative Vorbild des Vaters ausgewirkt, der ja wegen der Vergewaltigung von Kindern ehemals im selben Gefängnis einsaß wie jetzt sein Sohn?

Wegen welcher Delikte sein Vater inhaftiert war, hat Rieken erst erfahren, als er selbst schon seine ersten Vergewaltigungen begangen hatte. Dennoch war dessen »Vorbild« für seine Entwicklung möglicherweise durchaus von Bedeutung. Obwohl Riekens Mutter bestrebt war, den Vater von der Bildfläche verschwinden zu lassen, hat sie ihrem Sohn natürlich signalisiert, wie groß ihre Befürchtungen waren, dass der Sohn dem Vorbild des Vaters folgen könnte. Und da dieses Thema in der Familie wie vieles andere tabuisiert wurde, bestand für den Sohn quasi keine Möglichkeit, sich damit auseinanderzusetzen. Das hatte schon etwas von einer sich selbst erfüllenden Prophezeiung.

Ronny Rieken war ja bereits wegen der Vergewaltigung seiner Schwester zu einer Haftstrafe verurteilt worden, bevor er die beiden Mädchen ermordete. Liegt nicht ein schweres Versäumnis darin, dass er ohne eingehende Therapie wieder auf freien Fuß kam?

In Bezug auf Ronny Rieken bin ich sehr skeptisch, was die Erfolgsaussichten einer Therapie betrifft. Sein emotionaler Defekt, insbesondere dieser Mangel an Mitgefühl, ist praktisch nicht zu therapieren. Man kann durch Therapie den Menschen beibringen, mit ihren Schwierigkeiten und Konflikten besser umzugehen, man kann ihnen beibringen, bestimmte Risikosituationen zu vermeiden. Aber wie bringt man jemandem bei, mit anderen Menschen Mitgefühl zu haben? Da gibt es bislang jedenfalls kaum Ansatzpunkte für eine erfolgversprechende Behandlung.

Aber Ronny Rieken ist ja nicht nur der grausame Kindermörder. Er wird gleichzeitig doch auch als geradezu vorbildlicher Vater beschrieben, der sich um seine eigenen Kinder sorgt und liebevoll kümmert. Wie geht denn das zusammen?

Ich bin da eher skeptisch, ob dies wirklich so war. Natürlich hat er sich seinen eigenen Kindern gegenüber ganz anders verhalten, als er dies mit den Opfern getan hat. Möglicherweise führt dieser Kontrast dazu, sein Verhalten in Bezug auf die eigenen Kindern im nachhinein als vorbildlich und liebevoll zu beschreiben. Auffallend war jedenfalls, dass in seinen spontanen Schilderungen die Kinder kaum auftauchten.

Während seiner schlimmen Verbrechen hat Ronny Rieken ein nahezu perfektes Doppelleben geführt. Er selbst sagt, er habe den Mord an Ulrike Everts derart verdrängt, dass er nach einiger Zeit selbst das Gefühl gehabt habe, mit der Tat nichts zu tun zu haben, komplett unschuldig zu sein. Ist so etwas vorstellbar?

Natürlich nicht so, als ob er nicht mehr gewusst hätte, was er da getan hatte. Sein »Doppelleben« beschränkte sich ja im wesentlichen darauf, dass er eine schreckliche Tat begangen hatte, ohne aufzufallen. Verdrängen würde im übrigen unterstellen, dass ihn die Tat massiv innerlich belastet hätte. Aber genau das war ja nicht der Fall. Er hat die Tat nicht verdrängt, sondern er hat halt nicht mehr daran gedacht, eben weil er das für uns Schreckliche der Tat gar nicht so empfunden hat.

Rieken beteuert, während der Taten habe ein vorgegebenes »Programm« Besitz von ihm ergriffen. Dies würde doch bedeuten, dass er nicht Herr seiner Entscheidungsfähigkeit war, sondern unter einem inneren Zwang stand. In Ihrem Gutachten haben Sie die Frage der Schuldfähigkeit gleichwohl bejaht.

Wie viele Sexualstraftäter hat auch Ronny Rieken eine Tendenz, die Verantwortung für das eigene Fehlverhalten zu externalisieren. Die Ursache des eigenen Handels liegt dann nicht mehr bei ihm selbst, sondern in von ihm nicht beeinflussbaren Faktoren (Umwelt, Gesellschaft, Eltern, Verhalten der Opfer). Riekens Taten waren aber keineswegs Folgen eines von ihm selber unabhängig ablaufenden »Programms«, das plötzlich irgendwie in ihm eingeschaltet worden wäre. Vielmehr waren die Taten von ihm selbst gezielt intendiert, geplant, vorbereitet und so durchgeführt, dass man ihn ja erst zwei Monate nach der letzten Tat gefasst hat – und auch dies nicht ohne gewisse Zufälligkeiten.

Ist es nicht sehr schwer, die Grenze zwischen einer psychischen Krankheit und einer seelischen Störung zu ziehen? Mit anderen Worten: Wann ist ein Mensch noch für sein Tun verantwortlich zu machen und wann nicht mehr?

Grundsätzlich ist jeder Mensch für sein Handeln verantwortlich, für seine Straftaten in gleicher Weise wie für seine Heldentaten. Aufgabe des psychiatrischen Gutachtens ist, zu klären, ob es hinreichende Hinweise darauf gibt, im konkreten Einzelfall von dieser Regel abzuweichen. Dies ist in aller Regel so bei schweren psychiatrischen Krankheiten, z. B. den schizophrenen Psychosen. Hier unterscheidet sich Wahrnehmung und Erleben der Patienten qualitativ eindeutig vom Normalen und ihr Handeln wird durch dieses krankhafte Erleben bestimmt. Solche Erkrankungen, bei denen man das Handeln der Person nicht mehr zurechnen kann, lassen sich recht sicher diagnostizieren. Anders verhält es sich bei Störungen in der Persönlichkeit und der sexuellen Entwicklung. Hier sind diagnostische Feststellungen tatsächlich weniger eindeutig, und es gibt einen breiten Übergang zwischen »normal« und »gestört«.

Bei jedem Mord, insbesondere bei dem Mord an einem Kind, stellt sich ja immer wieder die Frage, wie so etwas möglich ist. Sie gelten als Koryphäe der forensischen Psychiatrie: Trauen Sie sich zu, dieses vermeintlich Unfassbare mit ihren Mitteln zu erklären?

Das ist zum Glück nicht meine Aufgabe. Ich habe als Gutachter »nur« die Frage der Schuldfähigkeit und gegebenenfalls der Prognose zu klären. Ein Blick in die Geschichte nicht zuletzt des vergangenen Jahrhunderts zeigt, was alles menschenmöglich ist. Natürlich versucht man in solchen Fälle auch, sich selbst und dem Gericht ein Bild davon zu machen, wie jemand dazu gekommen ist, derart Schreckliches zu tun. Manchmal gelingt es, häufig aber auch nicht, zumal in der speziellen Begutachtungssituation. Und ich weigere mich mittlerweile auch, vor Gericht Erklärungen abzugeben, die aus fünf Prozent Befunden und 95 Prozent Spekulation bestehen. Glücklicherweise ist die forensische Psychiatrie heute insgesamt etwas bescheidener geworden und verzichtet auf simple Erklärungsmodelle.

Als Gerichtsgutachter blicken Sie ständig in seelische Abgründe. Wie nahe geht es Ihnen, wenn Sie mit einem Sexualstraftäter wie Ronny Rieken zu tun haben?

Während der gutachterlichen Untersuchung, also im direkten Kontakt mit dem Täter, ist dies eigentlich nie ein sonderliches Problem. Man hat natürlich im Kopf, um welche Taten es hier geht. Aber man tritt dem Menschen dann doch mit einer gewissen Neugierde entgegen. Im Falle Ronny Rieken, mit dem ich ja eine ganze Woche sozusagen en block gesprochen habe, war ich am Ende der Gespräche aber emotional doch ausgesprochen betroffen, insbesondere eben von der Diskrepanz zwischen dem Schrecken der Taten und der emotionalen Unbekümmertheit des Täters.

23. Schwester: »Mitleid hatte ich die ganze Zeit mit ihm«

Auch Manuela Rieken war skeptisch, ob es gut wäre, Ronny jemals wieder in die Freiheit zu entlassen.

Sie hatte sich bei ihrer Aussage vor dem Landgericht sicherer gefühlt – sicherer als damals, als sie sich über ihre Vergewaltigung hatte ausfragen lassen müssen, in Abwesenheit des Angeklagten, ihres damals noch jugendlichen Bruders. Jetzt versuchte sie sogar, ihm ein paar Mal in die Augen zu sehen. Doch Ronny hatte jedes Mal zu Boden geguckt.

Dann das Urteil. »Damit war es amtlich mit Stempel drauf: Er kommt nicht wieder. Hauptsache weg; er kann mir und anderen nichts mehr tun.« Aber vielleicht wäre es besser gewesen, er wäre in die Psychiatrie eingewiesen worden, meint die Schwester des Verurteilten fünf Jahre später. »Auch damals, als er in Vechta im Knast saß, hat er ja keine richtige Therapie bekommen. Sie haben es ja alles auf den Alkohol geschoben.«

Ob sie trotz allem auch Mitleid mit ihrem Bruder hat? »Na klar, Mitleid hatte ich die ganze Zeit mit ihm«, sagt Manuela Rieken. »Er war ja mal die Person, zu der ich das engste Verhältnis hatte, irgendwie unbeschreiblich. Aber man muss natürlich auch an die Kinder denken – und an die Eltern.«

Für Manuela Rieken steht fest, dass es viele gibt, die mitschuldig sind: »Das hätte verhindert werden können, wenn die Leute vorher nicht immer alles unter den Teppich gekehrt hätten. Es gab unheimlich viele, die was gewusst, aber nichts gesagt haben. Das war nicht nur unsere Mutter, sondern auch die Familie meiner Schwägerin.«

Überhaupt: Bei aller Kritik am ihrem Erziehungsstil ihrer Mutter müsse man auch Verständnis mit der leidgeprüften Frau haben. »Die hat es auch nicht leicht gehabt. Zuerst diese Schande mit ihrem Mann und dann auch noch Ronny; der hat ihr ja schon als Kind viel Kummer gemacht.«

24. Befreiung aus mütterlicher Umklammerung

Nach dem Urteil wurde Ronny Rieken sehr bald von der Justizvollzugsanstalt Salinenmoor ins Gefängnis nach Celle verlegt; zu seiner eigenen Sicherheit zunächst in den Hochsicherheitstrakt. Auf dem abgeschirmten Zellentrakt blieb ihm die Begegnung mit anderen Häftlingen erspart. Auf den allgemeinen Hofgang verzichtete er weiterhin. Dennoch entging er den Anfeindungen durch Mitgefangene nicht. Auf dem Weg zur Holzwerkstatt, wo er seine tägliche Arbeitspflicht zu erfüllen hatte, hörte er sie brüllen: »Häng dich auf, du Kinderficker« oder »Schiebt den mal durch die Kreissäge.« Nur in Begleitung von Vollzugsbeamten überquerte er den Hof. Und wenn der türkische Essensausteiler zu ihm auf die Zelle kam, kippte der ihm manchmal die heiße Suppe über die Finger oder klatschte das Kartoffelpüree nicht auf den Teller, sondern auf den Boden.

Gleichzeitig erreichten ihn Briefe, in denen wildfremde Menschen ihm ihr Mitgefühl aussprachen oder gar um Kontakt baten. Eine Frau aus Rostock schrieb ihm, dass sie einen Sohn in seinem Alter habe und ihm mit Worten beistehen wolle. Eine einsame Frau aus einem Seniorenheim schickte ihm Briefe wie einem lieben Enkelsohn, der auf die schiefe Bahn geraten war. Ein Mann aus Eberswalde warb um seine Freundschaft und besuchte ihn im Gefängnis. Doch es erreichten ihn auch Zuschriften mit zweifelhaften Ansinnen. Ein Münchner etwa wollte Details über seine Sexualverbrechen wissen. Der Mann ließ durchblicken, dass kleine Mädchen ihn selbst sexuell erregten. Um sich nicht angreifbar zu machen, wandte Rieken sich schließlich an die Polizei.

Auch Liebesbriefe wurden dem Gefangenen zugestellt. Eine junge Frau aus Aurich machte dem verurteilten Kindermörder sogar einen Heiratsantrag. Doch Ronny Rieken war ja verheiratet und nicht gewillt, sich von seiner Frau zu trennen.

Zumal Gerda Rieken zu ihm hielt. Ein- bis zweimal in der Woche telefonierte er mit ihr und einmal im Monat besuchte sie ihn; allerdings stets in Begleitung seiner Mutter.

Das war furchtbar. Ich war total gehemmt, habe oft kein einziges Wort rausgekriegt. Meine Mutter habe ich immer zur Begrüßung und beim Abschied umarmt. Aber wenn meine Frau mich umarmt hat, dann habe ich gleich wieder losgelassen, weil ich dachte, ich darf es nicht. Meine Mutter sitzt daneben und haut drauf. Wenn sie weg war, habe ich mich jedes Mal über mich geärgert, dass ich so feige war. Ich war wütend, dass ich meiner Mutter nicht die Meinung gesagt habe, weil sie meine Tochter Maren mal wieder wie eine gefühllose Puppe behandelt und Jonas, unseren Ältesten, vorgezogen hat. Ich konnte das einfach nicht ertragen, diese Ungerechtigkeit, diese Ungleichbehandlung. Darum war ich immer total fertig, wenn meine Mutter da gewesen war – total unruhig und nervös. Das hat mich immer weiter runtergezogen. Und in meinen schlaflosen Nächten habe ich mich hin- und hergewälzt im Bett.

Auch die Briefe, die seine Mutter ihm schickte, verdüsterten seine Stimmung und schürten seinen Groll.

Sie hat mir immer vorgehalten, ich lass mich von meiner Frau und Schwiegermutter gegen sie aufhetzen. Immer die alte Leier. »Mit einer alten Frau wie mir könnt ihr es ja machen«, hat sie geklagt. »Wenn ich unter der Erde liege, dann bringt mir bloß keine Blumen auf den Friedhof, das könnt ihr euch sparen.« Immer hat sie darüber gestöhnt, wie schlecht es ihr geht und wie sie von anderen ausgenutzt wird. Und dann hat sie aufgelistet, was sie alles für die Kinder gekauft hat. Meine Frau hat sie natürlich weiter schlecht gemacht. Dass sie unfähig und überfordert ist und nur an ihren eigenen Vorteil denkt und so'n Zeug. Überhaupt Frauen. Mit Ausnahme ihrer eigenen Person waren das für sie die schlimmsten Geschöpfe, die es gab: »Die lügen und betrügen und sind falsch und hinterhältig«, hat sie mir immer wieder zu verstehen gegeben.

Nach Briefen und Besuchen dieser Art wandte sich Rieken an den Gefängnispsychologen. Der empfahl ihm, selbstbewusster aufzutreten, seiner Mutter die Meinung zu sagen. Und er nahm sich vor, seine Mutter mit Liebesentzug zu bestrafen. Doch wenn er ihr im Besuchszimmer des Gefängnisses wieder gegenübersaß, zerrannen seine Vorsätze. Eines Tages machte er schließlich ernst. Diesmal war seine Mutter in Begleitung seiner Schwester gekommen.

Zuerst habe ich sie erzählen lassen, fast zwei Stunden habe ich gewartet. Sie hat wieder damit geprotzt, dass sie den Kindern neue Sachen gekauft hat. Dabei wusste ich ja von Gerda, dass sie nur für die beiden Jungs neue Klamotten gekauft hatte. Maren hat von ihr nur eine gebrauchte Jacke vom Flohmarkt gekriegt. Da habe ich sie dann irgendwann zur Rede gestellt.

»Ich weiß genau, dass du für Maren mal wieder nur gebrauchte Sachen gekauft hast. Ich finde das nicht gut, dass du die Jungs dauernd vorziehst, vor allem Jonas, deinen kleinen Liebling. Und Maren behandelst du wie den letzten Dreck.«

»Was fällt dir ein, mich hier zu beschimpfen. Dass ich für Maren nichts gekauft habe, lag nur daran, dass ich ihre Größe nicht wusste.«

»Wer's glaubt, wird selig. Das sind doch alles bloß faule Ausreden. Ich find das wirklich total link, wie du dich verhältst.«

»Du solltest dankbar sein, dass ich mich überhaupt um deine Kinder kümmere.«

Auch seine Schwester habe Partei für seine Mutter ergriffen.

»Du kannst dir ja gar nicht mehr vorstellen, wie es draußen aussieht«, habe Manuela ihm vorgehalten.

Und dann hat meine Mutter mal wieder beklagt, dass ich mich von Gerda aufhetzen lasse.

»Neuerdings verbietet sie Jonas sogar schon, dass der mit mir mitkommt oder Geld von mir annimmt.«

»*Ich* habe Jonas verboten, zu dir zu gehen und Geld von dir anzunehmen Das war ich und nicht Gerda, hörst du.«

»Na, das wird ja immer schöner. Ich weiß wirklich nicht, warum ich mir diese Unverschämtheiten hier länger anhören muss.«

»Sei froh, dass ich hier im Knast sitze.«

Ja, so lief das noch eine Weile weiter, bis meine Mutter schließlich im Streit abgezogen ist.

Nach dieser Auseinandersetzung war die Beziehung lange Zeit wie vereist. Nach der Aussprache im Gefängnis besuchte Margot Rieken ihren Sohn noch zweimal. Beide gingen dabei auf Distanz, tauschten nur noch Phrasen aus. Schließlich stellte Margot Rieken ihre Besuche ganz ein. Sie schickte ihrem Sohn nur noch einen Brief im Monat und die obligate Glückwunschkarte zum Geburtstag, in ähnlich kühlem Ton gehalten wie zuvor die Gespräche im Gefängnis.

Ronny Rieken war froh, sich auf diese Weise ein wenig aus der mütterlichen Umklammerung befreit zu haben. Zu schaffen machte ihm jedoch, dass Manuela sich nun gegen ihn wandte und Partei für die Mutter ergriff.

25. Unter Schicksalsgenossen

Rieken wechselte seinen Namen, um den Bruch mit seinem Vorleben und den Neuanfang hinter Gittern zu besiegeln – natürlich auch um den Schikanen der Mitgefangenen zu entgehen. Er nahm den unauffälligen Nachnamen seiner Frau an, der hier nichts zur Sache tut. Aber den Menschen ist es nicht gegeben, sich zu verpuppen, so dass aus der Larve ein Schmetterling wird, oder wie eine Schlange die alte Haut abzustreifen. Wir können unsere Identität nicht einfach wechseln, das Seelengepäck nicht abschütteln.

Doch immerhin: Ronny Rieken war hinter den Gefängnismauern bald nicht mehr allein mir seinen Problemen. Knapp vier Jahre nach seiner Verurteilung wurde er im Frühsommer 2003 in das Behandlungsprogramm für Sexualstraftäter (BPS) aufgenommen und gemeinsam mit weiteren zwölf Gefangenen auf die neu eingerichtete Behandlungsstation verlegt. Seiner Zelle gegenüber lag die von Rolf Diesterweg, der ebenfalls einst Schlagzeilen wegen eines Kindermords gemacht hatte. Doch mit dem gelernten Buchhändler Diesterweg verband Rieken nichts. »Zu weinerlich«, fand er. Außerdem wollte er sich durch die Nähe zu einem anderen Kindermörder nicht noch mehr ins Abseits stellen. Im Behandlungsprogramm aber konnte er Diesterweg genauso wenig ausweichen wie sich selbst.

Durch unterschiedliche Gruppenaktivitäten soll der einzelne hier lernen, sich in einer Gemeinschaft einzufügen, Interessen im Ausgleich mit anderen zu artikulieren, Verantwortung zu übernehmen, soziale Fähigkeiten zu entwickeln, sich in andere hineinzuversetzen. Alle BPS-Teilnehmer sind verpflichtet, sich einer Sport- und Freizeitgruppe anzuschließen, beim selbstorganisierten Reinigungsdienst mitzumachen und sich für die Therapievorbereitung zu öffnen.

Rieken beteiligte sich an der Backgruppe, hielt sich fit beim Gesundheitssport mit Standrad und Stepper, Rudergerät und Expander und ging zur Gruppentherapie, die zu seinem Leidwesen nur alle 14 Tage stattfand. Im Mittelpunkt stand am Anfang erst noch die allgemeine Klärung psychologischer Grundfragen wie Selbstwahrnehmung und Wahrnehmung anderer, Umgang mit eigenen Gefühlen, mit Stress und Aggressionen. Später aber sollten sich alle Teilnehmer vor der Gruppe auch zu ihrem jeweiligen Verbrechen äußern – über ihre Taten nachdenken und sprechen, aber eben auch Anteil nehmen an den Lebensgeschichten und Entgleisungen der Mitgefangenen.

Ronny Rieken wollte nicht darauf warten, bis dieser Behandlungsabschnitt in ein oder zwei Jahren erreicht war. Er bat um Einzelgespräche mit dem Gefängnispsychologen oder Betreuungsbeamten, zeigte sich kooperativ, genoss es, endlich über all die Dinge reden zu können, die ihn ins Gefängnis geführt hatten. Schon das Gefühl, unter Schicksalsgenossen zu sein, keine Angst mehr vor den Schikanen der anderen Häftlinge haben zu müssen, erhöhte seinen Lebensmut. Hinzu kam die Hoffnung, auf dem Wege der ersehnten Therapie vielleicht doch noch einmal das Gefängnis verlassen zu können. Er hatte es bereits gelernt, offener über seine Probleme zu sprechen. Auch die späte Abnabelung von seiner Mutter hatte ihn freier gemacht. Dennoch war es außerordentlich fraglich, ob ein Gutachter jemals wieder den Mut finden würde, ihm eine positive Prognose zu stellen. Es blieb ihm daher nichts anderes übrig, als sich auf ein Leben im Knast einzustellen.

Seine Welt bestand aus einer sechs Quadratmeter großen Zelle mit Kaffeemaschine, Warmwasserkocher, Fernsehapparat, Mini-Stereoanlage, Waschbecken und Toilette.

Man hat hier fast alles, was der Mensch draußen auch hat – nur eben auf kleinstem Raum.

Der Fernsehapparat lief nahezu in einem fort. Gleichzeitig hörte er Musik, Schlager oder Seemannslieder von Ronny. Manchmal las er auch, am liebsten Micky-Maus-Hefte. Die

Nächte waren schlimm. Schlaflos wälzte er sich Stunde um Stunde, ohne zur Ruhe zu kommen. Dabei gingen ihm auch seine Verbrechen durch den Kopf – und immer die selben Fragen: Wie hatte es bloß dazu kommen können? Was war eigentlich los mit ihm?

Einförmig und grau folgte ein Tag dem nächsten:

6 Uhr Wecken.

6. 15 Uhr Frühstück auf der Zelle.

7 bis 15 Uhr Arbeit in der Holzwerkstatt

15.15 bis 20.30 Uhr Umschluss – Gespräche, Spiele, gemeinsames Abendessen mit Mitgefangenen sowie Tischtennis, autogenes Training oder Gesundheitssport.

20.30 bis 6 Uhr Einschluss in der Zelle.

Er hatte nun keine Angst mehr, sich am Hofgang zu beteiligen, der täglich zwischen 16.15 Uhr und 18 Uhr auf dem Programm stand und die Begegnung mit allen anderen Gefangenen möglich machte.

Ich kann im ganzen Haus rumlaufen, ohne dass mir einer was tut. Ich turne überall rum.

So knüpfte er Kontakt zu ehemaligen Bankräubern, Rauschgifthändlern, Schlägern und anderen Schwerkriminellen. Manch interessante Geschichte schnappte er dabei auf.

Trostloser als die Arbeitstage waren die Wochenenden und Feiertage. Die Zellentüren waren zwar, abgesehen von der Mittagszeit, von morgens um 7.30 bis abends um 20.30 Uhr geöffnet, so dass man sich gegenseitig zum Kaffee auf die Zelle einladen und klönen oder auch auf den Hof gehen konnte. Aber die Zeit schien still zu stehen an diesen Tagen.

Und wenn sich dann Stunde um Stunde hinquälte, wurde ihm bisweilen die Sinnlosigkeit seines verpfuschten Lebens bewusst. Manchmal überlegte er, ob es nicht besser wäre, seinem Leben ein Ende zu setzen.

Ich habe mich schon manches Mal gefragt, welchen Sinn es hat, dass ich am Leben bin, wenn ich doch nur Unglück über andere bringe. Aber dann sage ich mir, dass ich an meine Kinder denken muss – dass die vielleicht mal irgendwann ihren Vater zurückbekommen. Und ich habe mich ja auch geändert. Ich gebe nicht mehr nur wie früher den andern die Schuld an meinem Mist. Ich weiß jetzt, dass es auch an mir liegt. Und auch früher war ich ja nicht nur böse. Diese böse Seite ist ja nur an bestimmten Tagen in mir hervorgetreten. Da war ich eine vollkommen andere Person, weil in dem Moment das Gute in mir total ausgeschaltet war. Nein, ich will nicht mehr, dass dieses andere Ich in den Vordergrund tritt. Nie mehr.

Um innerlich zur Ruhe zu kommen, studierte Ronny Rieken gelegentlich auch die Bibel. Nach dem Zufallsprinzip däumelte er dann in der Heiligen Schrift und las, worauf er jeweils stieß.

Irgendwas ziehe ich da immer raus.

Immer schon hatte er eine Bibel mit sich geführt, meist seine handliche Taschenbibel. Zum sonntäglichen Gottesdienst in die Gefängniskapelle zog es ihn dagegen nicht. Von den überlieferten Glaubensformen seiner katholischen Erziehung hatte er sich entfernt.

Es gibt schon mal Momente, wo ich mit dem Herrn da oben rede. Aber beten kann man das eigentlich nicht nennen.

26. Der Gefängnispsychologe: »Wir wissen einfach zu wenig«

»Höflich, freundlich, hilfsbereit...« Die Reihe der positiven Eigenschaften ist lang, die der Gefängnispsychologe Detlef Schumann auflistet, um Ronny Rieken zu charakterisieren. Sechs Jahre nach seiner Festnahme gilt der verurteilte Kindermörder in der Justizvollzugsanstalt Celle I als mustergültiger Gefangener. »Er geht einer geregelten Arbeit nach, ist handwerklich geschickt und fällt nicht durch Grenzüberschreitungen auf«, sagt der Diplompsychologe. Auch im Behandlungsprogramm für Sexualstraftäter zeige der Delinquent positive Ansätze. »Er versucht nicht, sich seiner Verantwortung zu entziehen, sondern stellt sich seinen Taten«, sagt Schumann. »Man spürt, dass er sich damit auseinandersetzen möchte.«

Doch wie tief reicht der nach außen hin bekundete Wille zu Umkehr und Selbsterkenntnis? Welchen Anteil hat das kalkulierte Bestreben, einen guten Eindruck zu machen, um irgendwann einmal wieder die Freiheit zu erlangen? Der Psychologe macht keinen Hehl aus seinen Zweifeln. »Sexualstraftäter verstehen es oft, sich hervorragend anzupassen und zu sagen, was man gern von ihnen hören möchte«, sagt Schumann, der Ronny Rieken seit drei Jahren kennt. »Es ist sehr fraglich, ob er wirklich in der Lage ist, sich in die Gefühlswelt seiner Opfer zu versetzen. Es wird sicher noch viele Jahre dauern, bis sich so etwas wie echte Empathie ausbildet. Und es ist durchaus nicht sicher, ob es jemals gelingt.«

Grundsätzlich hofft der Psychologe auf den Erfolg des Behandlungsprogramms, das unter anderem darauf ausgerichtet ist, die Empathiefähigkeit der Gefangenen zu stärken – als Vorstufe einer tiefergehenden Einzeltherapie. Ursprünglich wurde das Programm allerdings für Sexualstraftäter mit gängigen

Missbrauchsdelikten entwickelt, nicht für Täter wie Rieken, die Kinder getötet haben.

Wie der Gerichtsgutachter Leygraf vermag auch der Gefängnispsychologe Schumann nicht mit Sicherheit zu sagen, welche seelischen Verwerfungen diesen Verbrechen zugrunde liegen. Verfehlt wäre es aus Sicht des Psychologen aber auf jeden Fall, Ronny Rieken als klassischen Pädophilen zu betrachten: »Sein Sexualverhalten ist nicht ausschließlich auf Kinder ausgerichtet. Meist sind den Verbrechen ja eigene Stress- und Frustrationserlebnisse vorangegangen, so dass sie vor allem kompensatorischen Charakter haben. Dem Gefühl des Versagens und der eigenen Ohnmacht entspringt in so einem Fall der Wunsch, Macht über ein hilfloses Wesen zu erlangen und diese auszukosten. Das hat damit zu tun, dass Rieken über ein sehr schwach ausgeprägtes, brüchiges Selbstwertgefühl verfügt, vor allem Frauen gegenüber.«

Der Mord verschaffe dabei keinen Lustgewinn, sondern resultiere aus dem Wunsch, unentdeckt zu bleiben. »Wenn die Grenze aber einmal überschritten ist, dann sinkt die Schwelle und es wächst die Wahrscheinlichkeit, dass es ein zweites Mal geschieht«, sagt Schumann. »Es waren sicher keine sadistischen Fantasien, die Herrn Rieken umgetrieben haben. Das war mehr eine Form der sexualisierten Gewalt, die sich da entladen hat.«

Doch dies alles sind für den Psychologen letztlich nur Mutmaßungen, Annäherungen an das Unfassbare. Entsprechend schwer ist es für Schumann, die Erfolgsaussicht einer Therapie einzuschätzen. Wie Leygraf ist der Gefängnispsychologe eher skeptisch. Gleichwohl habe aber auch ein Lebenslänglicher wie Rieken, dem eine besondere Schwere der Schuld bescheinigt wurde, irgendwann einmal das Recht, einen Antrag auf bedingte Entlassung zu stellen. Bei allen Vollzugslockerungen muss zunächst der Gefängnispsychologe Stellung nehmen und darüber befinden, ob noch eine Gefahr von dem Gefangenen ausgeht. Im Falle Rieken, sagt Schumann, würde er sich als Therapeut für befangen erklären und einen externen Gutachter zuziehen. »Das Eisen wäre mir zu heiß.«

Der Psychologe weiß, dass auch anderen die Entscheidung schwer fällt. »Wir wissen einfach viel zu wenig«, sagt Schumann. »Am einfachsten ist es natürlich, die Leute drin zu lassen. Aber wir haben laut Gesetz auch einen Resozialisierungsauftrag, und daher bleibt uns gar nichts anderes übrig, als mit den Leuten zu arbeiten, um das seelische Krebsgeschwür vielleicht doch noch in den Griff zu kriegen.«

Ob die Therapieerfolge auch langfristig Bestand haben, lasse sich nur überprüfen, wenn die Straftäter am Ende ihrer Haftzeit außerhalb der Anstaltsmauern betreut werden könnten, gibt Schumann zu bedenken. »Aber das will die Mehrheit der Bevölkerung natürlich nicht.«

Und so bewegt sich der Gefängnispsychologe in einem kaum lösbaren Konflikt zwischen den Sicherheitsinteressen der Bevölkerung und den Hoffnungen der Gefangenen. Bei allem Mitgefühl mit seinen inhaftierten Klienten muss er sich stets auch das Leid vor Augen führen, das diese über andere gebracht haben – und seine eigenen Grenzen erkennen. »Man muss akzeptieren«, sagt Schumann, »dass es auch Menschen gibt, die einfach nicht zu therapieren sind.«

27. Die verwaisten Eltern: Lebenslang im Schatten eines Verbrechens

Juni 2004. Wer jetzt nach Strücklingen kommt, sucht die Eltern von Christina Nytsch vergebens. In dem roten Klinkerbau im Neubaugebiet der Emsland-Gemeinde, in dem einst Sylvia und Manfred Nytsch lebten, wohnen andere. Nellys Eltern haben ihr Haus verkauft. Sie sind in den Nordosten Berlins zurückgezogen, von wo aus sie 1993 aufgebrochen waren, um ihr Glück im Westen zu versuchen und ihre Tochter in der vermeintlich heilen Welt eines Dorfes aufwachsen zu lassen. Auch auf dem Friedhof von Strücklingen erinnert nichts mehr an die Tragödie. »Christinas Grab haben wir mitgenommen«, sagt Manfred Nytsch, der heute mit seiner Frau in einem Einfamilienhaus in Berlin-Blankenburg lebt.

Überall und immer wieder waren die verwaisten Eltern in Strücklingen an das Grauen erinnert worden, das an jenem Märztag des Jahres 1998 über sie hereingebrochen war. Noch Jahre nach dem Tag, der ihr Leben veränderte, hatten sie Christinas Zimmer unverändert gelassen. Pünktlich um 18.30 Uhr war täglich in dem Kinderzimmer das Licht angegangen. Eine Zeitschaltuhr sorgte dafür. Sylvia und Manfred Nytsch hatten sie so eingestellt, dass es jeden Abend im Kinderzimmer automatisch hell wurde. Wenn sie dann abends hochgingen, sahen sie, dass Licht aus der Tür fiel. Dies erweckte zumindest den Anschein, als sei alles so wie früher.

Doch nichts war wie früher und vieles im Haus und im Dorf rief den Eltern ins Bewusstsein, dass ihre Tochter nicht mehr am Leben war. Der Stundenplan, den die Zweitklässlerin einst mit dem Filzstift geschrieben hatte, verblasste, nicht aber die schmerzlichen Erinnerungen.

»Wir sind dahin zurückgegangen, wo wir unsere Wurzeln haben«, sagt Manfred Nytsch. Seine Frau, die in Ost-Berlin aufgewachsen ist, ist damit in den Umkreis ihrer Familie zurückgekehrt, in die Nähe ihrer Eltern und Geschwister, die ihr jetzt Halt geben. Ein Fußweg von nur zehn Minuten trennt sie hier von dem neuen Grab ihrer Tochter, das wie das alte in Strückligen liebevoll mit Didl-Mäusen und einem Herz aus Blumen dekoriert ist. Jeden Tag kommt Sylvia Nytsch und sorgt dafür, dass das Windlicht auf Nellys Grab brennt.

Mit dem Umzug hat das Ehepaar Nytsch den Alptraum jener Märztage nicht hinter sich gelassen. »Das bleibt«, sagt Christinas Vater, der zu DDR-Zeiten in namhaften Bands Posaune spielte und fast 20 Jahre ein eigenes Orchester leitete.

Quälende Träume schleichen sich in den Schlaf der Eltern. Manchmal wachen sie morgens schweißgebadet auf und gehen wie gelähmt in den Tag. Immer wieder die marternden Selbstvorwürfe. Manfred Nytsch plagt der Gedanke, ob er den Tod seiner Tochter hätte verhindern können, wenn er an jenem verhängnisvollen Märzabend zehn Minuten früher zum Schwimmbad gefahren wäre, um nach Nelly zu suchen. So hatte er lediglich das Fahrrad entdeckt, das am Straßenrand lag. Bisweilen überkommen Christinas Vater Schuldgefühle, wenn er daran denkt, dass er damals nicht zu jenem Wald fuhr, in dem seine getötete Tochter lag. Und dann grübelt er darüber nach, ob er seinem Kind den letzten Dienst verweigert hat, indem er sich, auf dringenden Rat der Experten, den Anblick des gemarterten Leichnams ersparte.

Müßige, aber quälende Gedanken, die sich nicht abstellen lassen wie ein Fernsehapparat. Dabei haben sich Manfred und Sylvia Nytsch durchaus nicht geschont in jenen schlimmen Tagen. Zeile für Zeile lasen sie den Oduktionsbericht, um eine Vorstellung davon zu bekommen, was Nelly in den letzten Stunden durchmachen musste. Es war eine seelische Tortur sondergleichen für die Eltern. »Aber das waren wir ihr schuldig«, sagt Manfred Nytsch, der sich auch mit der Lebensgeschichte des Mörders beschäftigt hat.

Gleichzeitig mühten sich die Eltern immer wieder, Distanz zu dem grausamen Geschehen herzustellen. Im ersten Winter nach dem Tod ihrer Tochter flogen sie in die Dominikanische Republik, um auf andere Gedanken zu kommen. Um unter der Sonne der Karibik fernab von Schnee und Tannenbäumen das deutsche Weihnachtsfest zu verdrängen – Weihnachten ohne Nelly. Doch schon vom ersten Tag an zeigte sich, dass es kein Entkommen gab. Die Trauer ließ sich nicht abschütteln. Und als die verwaisten Eltern in einem Fernsehbericht der Deutschen Welle das Bild Christinas sahen, brachen die Dämme vollends. »Wir sitzen hier unter Palmen in der Sonne, und unser Kind verfault im Grab«, habe er denken müssen, sagt Manfred Nytsch.

Auch Ausflugsziele in Deutschland, die die Eltern einst gemeinsam mit ihrer Tochter besuchten, sind belastet durch Erinnerungen. »In einen Freizeitpark, in dem wir früher mit Nelly rumgetobt sind, da kann ich einfach nicht mehr hin«, sagt der Vater.

Der Schatten des Verbrechens verfolgte den gebürtigen Dresdner auch in seinem Berufsleben. Als Musiklehrer und Schulbusfahrer hatte Manfred Nytsch sich im Saterland sein Geld verdient. Dabei hatte er immer mit Kindern zu tun, mit Kindern im Alter von Christina. Irgendwann hielt er es nicht mehr aus.

Auch die Hoffnungen von Sylvia Nytsch, mit Hilfe der Arbeit wieder Tritt zu fassen, erfüllten sich nicht. Vorübergehend kehrte sie in die Drogerie im Nachbarort Barßel zurück, wo sie einen Job als Verkäuferin hatte. Die alten Kunden, die immer von ihren »Enkelchen« erzählt hätten, seien »rührend« bemüht gewesen, sagt sie, hätten versucht, sie zu trösten; damit alles aber leider nur noch schwerer gemacht. Immer hätte sie das Gefühl gehabt, beobachtet zu werden. Ob sie weinen würde oder

Ringe unter den Augen hätte. »Niemand meinte es böse, aber es war unerträglich.«

Heute bemüht sich Sylvia Nytsch, ihren erlernten Beruf als Bürokauffrau wieder aufzunehmen. Doch in vollem Umfang wird sie nie mehr einer Arbeit nachgehen können. Die seelischen Wunden sind nicht verheilt. Lebenslang wird sie, psychologischen Gutachten zufolge, darunter zu leiden haben. Erst nach zähem und entnervendem Ringen mit den Versorgungsämtern ist ihr eine Erwerbsunfähigkeitsrente bewilligt worden. Und nach wie vor muss sie darum kämpfen, dass die Kassen die Kosten ihrer Psychotherapie übernehmen, auf die sie nach wie vor angewiesen ist.

»Da haben es die Verbrecher leichter«, sagt Manfred Nytsch. »Die bekommen ihren Psychologen in den Knast.«

Auch sonst sehen sich Christinas Eltern im Verhältnis zum Täter von der Justiz benachteiligt. »Das fängt schon vor dem Prozess an«, klagt Manfred Nytsch. »Der Täter kriegt einen Pflichtverteidiger, die Opfer müssen sich selbst einen Anwalt besorgen.«

Bisweilen sind es auch eingefahrene Gepflogenheiten der Justizbehörden, die die Eltern wie Ohrfeigen treffen. Als ehemalige Nebenkläger erhalten sie zum Beispiel Kopien von Briefen, die an den Täter gerichtet sind, der in gewohnter Manier als »Sehr geehrter Herr ...« angesprochen wird. »Das ist für mich unerträglich, wie man einen zweifachen Mörder als ‚sehr geehrten Herren' ansprechen kann, dem man am Ende auch noch einen ‚freundlichen Gruß' ausspricht«, sagt Manfred Nytsch. Überhaupt drängt sich den Eltern das Gefühl auf, dass dem Mörder ihrer Tochter im Gefängnis ein Komfort geboten wird, von dem manch einer in Freiheit nur träumen kann. Jenseits der Schmerzgrenze wäre es für Manfred und Sylvia Nytsch, wenn Ronny Rieken auch noch die Aussicht hätte, irgendwann einmal wieder entlassen zu werden.

Einen Justizskandal sehen sie schon darin, dass Rieken nach der Vergewaltigung seiner Schwester ohne Sexualtherapie bereits nach drei Jahren Jugendstrafe wieder entlassen wurde. »Das kann doch wohl nicht sein, dass ein Sexualstraftäter wie ein Eierdieb behandelt wird und schon nach einem Alkoholentzug eine positive Sozialprognose kriegt«, klagt Manfred Nytsch.

Christinas Vater hat damit begonnen, sich seine Trauer und Empörung von der Seele zu schreiben. Vielleicht macht er einmal ein Buch daraus.

28. Wieder ist ein Mädchen verschwunden

Ein heißer Junitag im Jahre 2004. Der Park- und Wendeplatz vor der Justizvollzugsanstalt Celle glüht in der Sonne. Keine hundert Meter hinter dem Gefängnis schlängelt sich die Aller vorbei, für die Insassen der gerade modernisierten Hochsicherheitsanstalt jedoch außer Sichtweite.

Wieder ist ein Mädchen aus Norddeutschland spurlos verschwunden. Seit dem 6. Mai wird Levke vermisst. Nach der Rückkehr von der Schule ist die Achtjährige aus Cuxhaven-Altenwalde vermutlich entführt worden. Nur ihre Jacke und Schultasche finden sich zwei Tage später in einem gut zwanzig Kilometer entfernten Waldstück. Die Polizei rechnet mit dem Schlimmsten – eine Annahme, die sich schon bald bestätigen wird.

»So was wühlt einen natürlich auf«, sagt Ronny Rieken bei einem Gespräch im neugestalteten Besuchszimmer der JVA Celle. Es sind zwiespältige Gefühle, die die Fahndung nach dem vermissten Mädchen in dem Gefangenen auslösen.

Man fragt sich, ob die Menschheit nie dazulernt. Ich mache mir selbstverständlich auch Vorwürfe, dass ich denen sozusagen ein negatives Vorbild gegeben habe. Dass die sich das alles von mir abgeguckt haben. Dadurch dass das bei mir medienmäßig damals so hochgezogen worden ist, ist es ja kein Wunder, dass es andere nachmachen. Wahrscheinlich sagen die sich jetzt: Wir machen das besser, wir lassen uns nicht erwischen.

Ob er auch an die Eltern des entführten Mädchens denkt?

Sicher. Und dabei denke ich natürlich auch immer daran, was ich den Eltern angetan habe. Dass ich sie so lange im Ungewissen gelassen habe – die gesamten seelischen Qualen dabei.

Dank des Behandlungsprogramms sei er nun endlich in der Lage, sich in andere hineinzuversetzen, beteuert Rieken.

Früher war das mehr so, dass ich nur über mich nachgedacht habe. Ich wollte das damals nicht wahrhaben, als der Gutachter gesagt hat, dass ich mich nicht in meine Opfer hineinversetzen kann. Aber jetzt weiß ich, dass da was dran war. Letztendlich habe ich mich nur für mich selbst interessiert. Das ist jetzt anders. Dieses Behandlungsprogramm, das wir durchlaufen, hilft ungemein. Wir sprechen über Dinge, über die sich kein normaler Mensch Gedanken macht – unsere Gefühle und so weiter. Wir müssen all das nachholen, was wir in der Kindheit irgendwie nicht gelernt haben.

Knapp sechs Jahre nach seiner Verurteilung will Rieken auch das schriftliche Gutachten lesen, das Norbert Leygraf und Sabine Nowara über ihn angefertigt haben. Danach möchte er mit der neuen Gefängnispsychologin darüber sprechen. Früher, so sagt er, sei es »ein Ding der Unmöglichkeit« gewesen, sich einer fremden Frau gegenüber so weit zu öffnen. Aber in dieser Hinsicht habe er sich gewandelt.

Auch die Beziehung zu seiner Mutter ist in ein neues Stadium getreten. Wenige Tage zuvor – am Donnerstag vor Pfingsten – hat sie ihn nach langer Zeit erstmals wieder im Gefängnis besucht. Und zwar gemeinsam mit seiner Frau Gerda und den drei Kindern.

Diesmal hat sie sich mehr zurückgehalten, sie hat sich richtig gut benommen. Und ich habe mich auch getraut, in ihrer Gegenwart meine Frau in den Arm zu nehmen. Früher hätte ich das nie gebracht.

Ganz im Reinen sei er mit seiner Mutter noch nicht, schränkt er ein. Er habe durchaus schon versucht, ihr zu erklären, welches Problem er mit ihr habe.

Aber da ist nicht viel bei rausgekommen.

Der Gefangene hat sich einen Dreitagebart stehen lassen. Sein Haar ist kurz geschnitten. Er frotzelt mit einem Mitgefangenen, der im Besuchszimmer gerade seiner Freundin gegenüber sitzt. »Der verprügelt mich jeden Abend«, scherzt im Vorbeigehen der stämmige junge Mann, der unter anderem wegen gefährlicher Körperverletzung einsitzt. Ronny Rieken lächelt. Er sagt, dass er sich gut mit dem Mitgefangenen verstehe. Aber Freundschaft? Nein, das sei etwas anderes.

Man kommt sich natürlich mit der Zeit im Knast näher. Aber als Freunde würde ich meine Mitgefangenen nicht bezeichnen. Gute Kumpels, das ja. Aber mehr auch nicht. Wenn ich einen Freund habe, dann muss ich mich auf den verlassen können. Aber im Knast ist sich jeder selbst der nächste.

Geselligkeit stehe für ihn nicht so im Vordergrund, sagt Rieken. Nur selten halte er sich auf der Station im Freizeitraum mit der Dartscheibe auf.

Im Nebenraum sitzen die Beamten. Da muss man immer davon ausgehen, dass die alles mithören, was man so sagt.

Da bleibe er lieber auf der Zelle, sagt er. Durch sein Zellenfenster könne er auf den Freistunden-Hof blicken, eine Rasenfläche mit Rundweg, Blumenrabatten, Sträuchern und Birken, in denen im Frühling auch Amseln flöten und Tauben gurren. Manchmal, sagt Rieken, komme es sogar vor, dass sich eine Taube durch die Gitterstäbe zwänge und in eine der Zellen schlüpfe, um Brotkrümel oder andere Essensreste aufzupicken. Das Problem dabei sei, dass die Vögel zwar rein-, aber nicht wieder hinauskämen. »Da geht es den Piepmätzen nicht besser als uns.«

Manche Häftlinge schätzen die Gesellschaft in Gestalt eines gefiederten Zellengenossen so sehr, dass sie sich einen Wellensittich halten. Doch diese Form der Vogelhaltung hinter Gittern ist ein Auslaufmodell. Neue Anträge werden nicht mehr genehmigt.

Nicht einzudämmen ist dagegen offenbar der Drogenkonsum. Ob Haschisch, Kokain oder Tabletten – trotz der strengen Kontrollen blüht der Drogenhandel im Gefängnis nach wie vor.

Man kann da richtig arm bei werden. Manche haben 100 Euro und mehr Schulden. Die müssen ihren Gläubigern jeden Monat die ganze Knete abdrücken, die sie verdienen. Die arbeiten praktisch umsonst. Ich hab damit nichts zu tun. Ich höre lieber Musik oder spiele Playstation.

Playstation? Ja, seit einiger Zeit habe er sich für seine Zelle eine eigene kleine Playstation angeschafft, erzählt Rieken. Die Spiele leihe er sich meist von anderen Gefangenen aus oder kaufe sie gebraucht im Gefängnis. Manchmal gebe er sie dann am Ende auch an seine Kinder weiter. Selbstverständlich sei im Knast nicht jedes Computerspiel erlaubt.

Aber auf dem Index stehen nur die absoluten Mörderspiele. Dass man nicht sieht, wie das Blut spritzt. Mir persönlich sind Sachen wie Autorennen sowieso viel lieber. Das ist ideal, um die Zeit totzuschlagen. So gesehen, die beste Ablenkung, die man haben kann.

Tagsüber geht Ronny Rieken während der Woche weiterhin einer Arbeit nach. Erst wenige Tage zuvor ist er von der Holzwerkstatt, die als befristete Arbeitstherapie gilt, in die Polsterei versetzt worden. Der Lohn bewegt sich zwischen 150 und 170 Euro im Monat. Nur 50 Euro davon erhalten die Gefangenen zum Einkaufen bar auf die Hand. Der Rest wird als so genanntes Überbrückungsgeld für die Zeit nach der Entlassung zurückgelegt.

Entlassung?

Natürlich hoffe auch ich darauf, irgendwann mal Lockerungen zu kriegen und rauszukommen. Ich denke mal, diese Hoffnung hat hier jeder. Wenn man die Hoffnung nicht mehr hat, dann gibt man sich selbst auf. Dann ist alles gelaufen.

Über den Zeitpunkt einer möglichen Entlassung mache er sich noch keine Gedanken, sagt Rieken.

Ich muss erst mal meine Stationen durchlaufen. Vorher brauch ich da erst gar nicht hingehen und einen Antrag stellen. Ob das jetzt 13 oder 18 Jahre dauert, weiß ich gar nicht.

Fest steht für ihn, dass er Anspruch auf eine Therapie hat.

Kriegen tu ich sie irgendwann mit Sicherheit, denn das ist gesetzlich vorgeschrieben.

Rückblickend ist Rieken froh, nicht in ein Landeskrankenhaus zum Maßregelvollzug eingewiesen worden zu sein, wie er es sich ursprünglich wünschte. Er gibt sogar zu, anfangs der Polizei gegenüber falsche Angaben gemacht zu haben, um als psychisch Kranker anerkannt zu werden.

Klar, da war viel Taktik dabei. Dummerweise. Ich habe ja alles versucht, weil ich in den Maßregelvollzug wollte, in die Psychiatrie. Mein Anwalt hatte mir das empfohlen. Mittlerweile weiß ich, dass das die reinste Psychohölle ist. Letztendlich ist der Druck da viel höher als im Knast, weil du total auf den guten Willen der Ärzte angewiesen bist. Die können deine Entlassung rauszögern, bis du schwarz wirst. Von dem Moment an, wo mir das klar geworden ist, war es vorbei mit meiner Taktik. Ja, das war ein Fehler, mich damit zu belasten. Hätte mir eigentlich nie passieren dürfen.

An seiner Zellenwand hängen Fotografien von seiner Frau Gerda und seinen drei Kindern. Dass sie ihm die Treue halten, gibt ihm Kraft. Zu ihnen will er eines Tages zurückkehren.

Ohne meine Frau und die Kinder hätte ich mich nie für die Behandlungsstation gemeldet. Nie. Wofür denn auch?

Einmal im Monat bekommt er in der Regel Besuch von seiner Frau, mehrmals in der Woche telefoniert er mit ihr. Darüber hinaus schreibt er seiner Frau und seiner Schwester weiterhin Briefe.

Er habe auch schon einige Jahre sporadisch Tagebuch geführt, »um mir dieses oder jenes von der Seele zu schreiben«, erzählt er. Doch als das Buch voll gewesen sei, habe er damit aufgehört.

Ernsthafter Hinderungsgrund für mich waren auch die Zellenkontrollen. Da kommt dann jeder Beamte ran und kann lesen, was ich geschrieben habe.

Ob er schon mal daran gedacht hat, den Eltern seiner Opfer einen Brief zu schreiben, um sich für seine Verbrechen zu entschuldigen?

Gedacht habe ich schon daran, aber die Psychologen haben mir abgeraten. Das wäre noch zu früh, haben sie gesagt. Da würde man die Menschen nur mit belasten.

Auch für die Eltern der achtjährigen Levke aus Cuxhaven sollten sich die schlimmsten Befürchtungen erfüllen. Am 23. August 2004 entdeckte ein Pilzsammler die Leiche der Vermissten im Sauerland. Lange Zeit schien von dem Mörder jede Spur zu fehlen. Doch am 9. Dezember des selben Jahres konnte die Polizei in Cuxhaven einen spektakulären Fahndungserfolg verkünden: Der 31 Jahre alte Marc Hoffmann aus Bremerhaven hatte die Tat am Vorabend gestanden. Die Parallelen zum Fall Rieken waren bedrückend. Auch der gebürtige Sauerländer Hoffmann hatte eigene Kinder, nach der Trennung von seiner zweiten Frau sogar mit seiner zehnjährigen Tochter allein in einer Wohnung gelebt. Wie Rieken war der massige Mann wegen einschlägiger Sexualstraftaten bereits in Erscheinung getreten, aber nie therapiert worden – nicht einmal in Haft gewesen.

Anfang Januar wurde noch eine weitere Gemeinsamkeit mit dem Fall Rieken bekannt: Hoffmann hatte nach dem Mord an Levke noch ein weiteres Kind getötet. Während überall nach ihm gefahndet worden war, hatte der arbeitslose Gas- und Wasserinstallateur am 30. Oktober 2004 den achtjährigen Felix aus Neu Ebersdorf im niedersächsischen Kreis Rothenburg/Wümme entführt und umgebracht. Und nachdem er diesen zweiten Mord gestanden hatte, überprüfte die Polizei mit verstärktem Eifer, ob er möglicherweise auch für das Verschwinden weiterer Kinder verantwortlich sei. Manches sprach dafür.

Auch Ronny Rieken kann an dem kleinen Fernsehapparat in seiner Zelle die Berichte verfolgen. Was er dabei empfindet?

Das weiß ich selber nicht so genau. Auf jeden Fall kann ich mir kein Urteil über den erlauben. Ich war ja selber so.

Ob es ihn berührt, dass auch Marc Hoffmann eigene Kinder hat?

Ich weiß es nicht. Ich konzentriere mich lieber auf meine eigenen Sorgen.

Ob ihn die Situation des Kindermörders aus Bremerhaven an seine eigene Zeit nach der Festnahme erinnert?

Na klar. Aber ich glaube, bei mir war das damals schlimmer – medienmäßig, meine ich. Der Presserummel war, glaube ich, viel größer. Alle Fernsehanstalten haben doch damals berichtet.

Auch unter den Gefangenen seiner Abteilung, sagt Rieken, werde kaum über den Fall gesprochen.

Wir reden schon eher über die große Flutkatastrophe in Asien, nicht über irgendwelche Mörder, die verhaftet werden.

Nein, das Thema werde eher ausgeklammert, sagt Rieken. Und auch im Fernsehen suche er nicht gerade gezielt nach Berichten über neue Kindermorde.

Das erinnert mich bloß immer daran, was ich damals angestellt habe – und was ich den Kindern und deren Eltern zugefügt habe. Und das muss ich mir nicht antun.

29. Nachwort: Die Banalität des Bösen

Als die deutsch-amerikanische Philosophin Hanna Arendt 1961 in einem Buch ihre Eindrücke über den Eichmann-Prozess in Jerusalem zusammenfasste, prägte sie den Begriff von der »Banalität des Bösen«. Adolf Eichmann, der Manager des Massenmords an den Juden, ist in den Augen Hannah Arendts keine Bestie in Menschengestalt, sondern ein durchschnittlicher Bürokrat, der als Rädchen im Getriebe der nationalsozialistischen Vernichtungsmaschinerie funktionierte.

In abgewandelter Form lässt sich dieser Begriff von der »Banalität des Bösen« auch auf Sexualstraftäter übertragen. Zwei Studien des Bundeskriminalamts, die 2002 und 2004 erschienen, liefern für diese Sichtweise die empirische Basis. Die Untersuchungen widerlegen den Mythos vom triebhaften Monster, das ruhelos durch die Gegend streift, um sich seine Beute zu suchen. Der überwiegende Teil der Sexualdelikte spielt sich im Lebensumfeld der Täter ab und ist ungeplant. Nahezu neun von zehn Vergewaltigern und Sexualmördern trafen demnach an einem Ort auf ihre Opfer, der keine 20 Kilometer von ihrem Wohnort oder »Ankerpunkt« entfernt war. Die Taten entwickelten sich in der Regel aus der Alltagsroutine der Täter; wie im Falle Riekens auf dem Weg zur Arbeit oder nach dem Einkauf.

Dabei ist die große Zahl der Sexualdelikte, die sich innerhalb der Familie ereignen, noch nicht einmal berücksichtigt. Die Autoren der Studie beschränkten sich auf Fälle, bei denen sich Täter und Opfer fremd waren, also keinerlei Vorbeziehung existierte. Die Studie der BKA-Beamten mit dem Titel »Geografisches Verhalten fremder Täter bei sexuellen Gewaltdelikten« (2004), erfasst 348 Vergewaltigungen zwischen 1999 und 2001 sowie 99 Sexualmorde zwischen 1991 und 2001.

In 31 Fällen waren die Opfer der Sexualmorde Kinder, nicht älter als zwölf Jahre. Hier ist die räumliche Nähe besonders auffällig: In 14 der 31 untersuchten Fälle lebte der Täter keine 1000 Meter von dem Ort entfernt, an dem er Kontakt zu seinem Opfer aufnahm. In elf Fällen lagen nicht einmal 500 Meter dazwischen.

Der Fundort der Leiche dagegen lässt nicht ohne Weiteres Rückschlüsse auf den Täter zu. In 56 Prozent der untersuchten Sexualmorde war der »Ankerpunkt« des Täters mehr als 20 Kilometer vom Leichenfundort entfernt. Die Erklärung hierfür liegt auf der Hand: Je näher der Ort des Verbrechens dem Wohnort des Täters liegt, desto größer dürfte dessen Bestreben sein, den Leichnam seines Opfers aus seinem Umfeld zu entfernen. In der BKA-Studie heißt es hierzu: »Der Tötung am Ankerpunkt entspringt zwangsläufig die Notwendigkeit, das Opfer aus dem heimatlichen Bereich verschwinden zu lassen.«

Diese Erkenntnis ist für die konkreten Ermittlungen von größter Bedeutung: Danach ist der Täter nicht in erster Linie am Leichenfundort zu suchen, sondern am Ort der Kontaktaufnahme.

Dass aber der Mörder jemand aus den eigenen Reihen sein könnte, ist für die örtliche Bevölkerung zumeist völlig abwegig, unvorstellbar. »Der kann nicht von hier sein«, heißt es dann. »No Monsters here« – auf diese Formel bringen die Ermittler die landläufige Reaktion.

Ein solcher Schutzmechanismus prägte auch die Stimmung im hessischen Biebertal, nachdem im Juli 2001 die acht Jahre alte Julia ermordet worden war. Die Empörung im Dorf war groß. Besonders heftig ereiferte sich vor laufenden Fernsehkameras ein Nachbar des getöteten Mädchens. »Ich hätte es nie für möglich gehalten, dass so etwas Schreckliches hier bei uns passieren könnte«, lamentierte der Mann. Fünf Wochen später stellte sich heraus, dass der 33-jährige Verwaltungsangestellte Julia selbst entführt, gequält und umgebracht hatte.

Die räumliche Nähe ist laut Studie bei Sexualmorden häufig selbst eines der entscheidenden Tatmotive. Denn je geringer die

Entfernung zum Wohnort des Opfers, desto größer das Risiko, wiedererkannt und identifiziert zu werden – und somit der Wunsch, den einzigen Tatzeugen zu beseitigen.

Die meisten Sexualmorde sind nach den Erkenntnissen der BKA-Experten ohnehin so genannte Verdeckungstaten und nicht etwa das Werk sadistischer Triebtäter, die zur Befriedigung ihrer Mordgelüste töten. Die Dämonisierung des »Abnormen« setzt im übrigen voraus, dass es so etwas wie eine sexuelle Norm gibt. Der Sumpf der Kinderpornografie zeigt aber ebenso wie die Sado-Maso-Szene, wie viele Normalbürger in ihrer Intimsphäre von der vermeintlichen Norm abweichen, und wie sehr Sexualität und Gewalt ineinander verwoben sind.

Die BKA-Studie liefert keine Erklärungen, sondern Ermittlungshilfen. Aus den Befunden lässt sich lernen, dass es verfehlt wäre, bei Vergewaltigungen oder Sexualmorden ausschließlich auf Personen zu starren, die bereits als Sexualstraftäter polizeibekannt sind. Die Untersuchung zeigt, dass 85 Prozent der Täter zwar schon einmal mit dem Gesetz in Konflikt geraten waren, nur 45 Prozent jedoch durch einschlägige Sexualstraftaten. Etwas anders stellt sich das Bild bei den Kindermördern dar. In dieser Gruppe waren zuvor bereits 61 Prozent durch Sexualdelikte in Erscheinung getreten, zumeist aber ebenfalls in Verbindung mit anderen Gesetzesbrüchen.

»Wir haben es sehr oft mit Menschen zu tun, die bereits durch eine Vielzahl ganz unterschiedlicher Straftaten oder Ordnungswidrigkeiten aufgefallen sind«, sagt Harald Dern, einer der fünf Autoren der Studie. Die Palette reicht von Suffdelikten, Fahren ohne Fahrerlaubnis über Körperverletzung bis hin zu Raub und Diebstahl. Vergewaltigung und Mord sind für »dissoziale Persönlichkeiten« dieses Typs Normverstöße in einer langen Kette von Regelverletzungen; nicht selten verübt hinter der Fassade äußerer Angepasstheit. »Wir sprechen von Grenzverletzern«, sagt Dern, der wie seine Mitautoren einer Spezialeinheit des Bundeskriminalamts angehört, der Operativen Fallanalyse.

Auch bei der Fahndung nach dem Mörder von Ulrike Everts und Christina Nytsch haben die BKA-Fahnder mitgewirkt. Ihre Fallanalyse hat zur geografischen Eingrenzung des Fahndungsschwerpunkts geführt und somit eine entscheidende Vorarbeit für den Speicheltest geliefert, auch mit Blick auf Alter und soziale Stellung waren die BKA-Experten mit ihrem Täterprofil nah dran.

Ronny Rieken erfüllt alle typischen Merkmale eines Sexualstraftäters, wie sie in der zweiten BKA-Studie beschrieben werden: Rieken agierte stets auf mehr oder weniger vertrauten Pfaden in seinem Wohnumfeld im Bereich der Alltagsroutine; er beging seine Taten spontan und tötete nicht aus Mordlust oder sexuellem Antrieb, sondern zur Verdeckung einer vorangegangenen Straftat. Mit seinem breit gefächerten Vorstrafenregister könnte er als Prototyp der »dissozialen Persönlichkeit« gelten. Den Ausschlag für seine Vergewaltigungen und Kindermorde hat also nicht in erster Linie seine sexuelle Veranlagung gegeben, sondern die ausgeprägte Neigung, sich in persönlichen Krisensituationen über Regeln des menschlichen Miteinanders hinwegzusetzen.

Welche lebensgeschichtlichen Begleitumstände Ronny Rieken zu einem »Grenzverletzer« gemacht haben, steht auf einem anderen Blatt. Ebenso die Frage, inwieweit Riekens Mangel an Mitleidsfähigkeit erblich bedingt ist. Sicherlich ist es kein Zufall, dass er dem negativen Vorbild seines Vaters gefolgt ist. Und sicher hat es ihm die Tabuisierungsstrategie seiner Mutter erschwert, sich mit der väterlichen Hypothek auseinander zu setzen. Doch wie diese Faktoren letztlich zusammenwirkten, ist genauso schwer zu klären wie die Frage, ob Ronny Rieken möglicherweise die Steuerungsfähigkeit doch verloren hat, als er über seine Opfer herfiel. Auch ein erfahrener Psychiater wie Norbert Leygraf muss eingestehen, dass wir noch weit davon entfernt sind, alle Grausamkeiten, zu denen ein Mensch fähig ist, erklären zu können.

Heinrich Thies
Hilferuf aus dem Folterkeller
Die Hamburger Säurefassmorde
Eine Spurensuche
224 Seiten, Hardcover
ISBN 978-3-86674-400-4

Freunde, Nachbarn und Kollegen beschrieben ihn als freundlich, hilfsbereit und gesellig, er galt als liebevoller Vater, als Stimmungskanone, als Kumpel, als unbescholtener Handwerker und seriöser Geschäftsmann mit Kontakten zu den höchsten Kreisen der Gesellschaft. Doch unbemerkt von der Außenwelt führte der Kürschnermeister Lutz Seifert über viele Jahre hinweg ein ganz anderes Leben. Im Atomschutzbunker seines Reihenhauses in Hamburg-Rahlstedt hielt der Pelzhändler mehrere Frauen gefangen, folterte sie wochenlang, tötete sie, zerstückelte die Leichen und löste sie in Säurefässern auf, die er dann im Garten vergrub. Zuvor zwang er seine Opfer, ihren Angehörigen zu schreiben, dass sie nicht nach ihnen suchen sollten, weil sie einen neuen Partner gefunden hätten und ein neues Leben beginnen wollten – fernab ihres bisherigen Wohnorts. Die Polizei widmete den Vermisstenfällen daher keine größere Aufmerksamkeit. Dies änderte sich erst, als die Kriminalbeamtin Karla Sommer auf eigene Faust ermittelte – gegen den Willen ihres Vorgesetzten, nach Feierabend und an Wochenenden. Anders als ihre Kollegen glaubte die Polizeiobermeisterin einer Frau, die von Seifert nach einer gescheiterten Lösegeldforderung freigelassen worden war und aus ihrer Gefangenschaft angeblich »wirres Zeug« berichtete. Die Polizistin nahm auch die Mutter einer Industriekauffrau ernst, die drei Jahre zuvor überraschend verschwunden war. Sie befragte Zeugen, studierte Akten, stellte Zusammenhänge zwischen unterschiedlichen Vermisstenfällen her und veranlasste die Justiz so zum Handeln.

»Ein hochspannendes Buch über einen wahren Kriminalfall, der dem Leser das Grauen mitten unter uns nahe bringt.«
Pressebüro Pagenhardt